Colección MAEMUKI

Maemuki (前向き) es un concepto japonés que alude a la actitud de centrarse en el presente y mirar hacia adelante. Este impulso hacia el porvenir no implica velocidad ni prisa sino que supone una forma de presencia consciente, una orientación del espíritu que se mueve con el tiempo sin ser arrastrado por él.

En esta colección leer se convierte en un acto de contemplación activa: parar el mundo para escuchar el pulso de las palabras, dejar en manos del silencio lo que está dispuesto a develarse. Maemuki propone habitar el tiempo con lucidez descubriendo el sentido de lo que se despliega ante nosotros.

Imán

La gracia que atrae tu voluntad

Imán

La gracia que atrae tu voluntad

Claudia Iturralde

Colección MAEMUKI

ELHILOÐARIADNA

IMÁN. CLAUDIA ITURRALDE.

© 2025 por Claudia Iturralde
Obra en portada: *Group IV, No. 2. The Ten Largest, Childhood,*
Hilma af Klint, 1907.
© Fine Art Images / Bridgeman Images
Cortesía de Stiftelsen Hilma af Klints Verk.

© ELHILOÐARIADNA
Calle Hermosilla, num. 13, 3 B. 28001 Madrid
comunicacion@editorialelhilodeariadna.com.ar
editorialelhilodeariadna.com.ar

Primera edición: febrero de 2026
ISBN: 978-84-19741-22-6
Depósito Legal: M-2224-2026

Impreso en España / Printed in Spain

Directores de la editorial: **Leandro Pinkler y María Soledad Costantini**
Director: **Eduardo Costantini (h)**
Colección a cargo de: **Claudia Iturralde**
Diseño de colección: **Daniela Coduto, María Soledad Costantini**
Diseño de tapa e interior: **Daniela Coduto**
Corrección: **Recursos Editoriales**
Coordinadora editorial: **Claudia Deleau**

Índice

A modo de invitación

Sé el cambio que quieres ver en el mundo.

Mahatma Gandhi

Ser es en gerundio. Somos cambio constante; pienso en ti, en mí, en nosotros, como estructuras de células que se forman y transforman día a día, a través de las experiencias que transitamos, de los estímulos a los que nos exponemos, de los hábitos que cultivamos y de las relaciones que mantenemos.

¿De qué estamos hechos? Podríamos ser un cuento, un poema, un atardecer, un hábito, una comida, un reflejo en el otro. Somos un flujo continuo de cambio, una construcción que nunca termina. Así, nos vamos revelando, transformándonos en los creadores de nuestra propia vida.

Somos magnéticos y eso nos hace superpoderosos.

Cada ser crea un campo magnético a su alrededor, una fuerza que atrae lo que necesitamos y nos conecta con nosotros mismos y con el mundo que nos rodea. Una energía que produce atracción desde ti y hacia ti. En ese campo todos vibramos y nos conectamos, todo es movimiento. Si somos conscientes de esta realidad, podemos liberar nuestro potencial y revelarnos en nuestra verdadera esencia.

Reflexionar sobre cómo estos cambios internos pueden transformar nuestra realidad exterior es un reto emocionante, un desafío a explorar. Podemos hacer de nuestra vida un sueño, y de ese sueño, una realidad tangible. Este es un camino que requiere compromiso y también ofrece nuevas oportunidades para crecer y evolucionar.

Imán es la gracia que atrae nuestra voluntad, es el hilo conductor en este cambio de era, donde todo está en transición. Al centrarnos en nuestra gracia, en aquello que nos define y nos guía, podemos ver más allá de lo visible, descubrir lo que se oculta detrás de lo que percibimos.

El pintor belga René Magritte se refería a lo visible oculto y lo visible aparente. Siguiendo esta idea, cuando miramos con atención nuestra gracia podemos ver el proceso que nos guía hacia lo que realmente queremos ser. La verdadera revelación se produce cuando prestamos plena atención a nosotros mismos, observando cómo nuestras emociones, pensamientos y deseos actúan como los motores que nos mueven.

El poder del autoindagarnos

Para ello es necesario conocernos. En profundidad. Esta es mi invitación. A lo largo de estas páginas te sugiero algunos pasos para que te autoindagues y descubras tu propio imán. Este ensayo busca guiarte a través de un proceso en el que puedas ir de tu reposo al movimiento y viceversa, explorando cómo tu ser descubre qué imantas y la manera en que lo haces.

De esta manera, profundizaremos en temas como los alimentos que consumes, tus rituales, rutinas, hábitos, la superación del yo, la escritura, tu cuerpo como hogar y los paisajes que habitas. También hablaremos sobre la aceptación y la gratitud, que son fuentes esenciales de vitalidad para tu ser. Este viaje tiene como propósito sacar lo mejor de cada uno, abrazando tanto los aciertos como los errores. Abracemos nuestra experiencia.

Imán no es un método, ni una dieta, ni un conjunto de creencias. Mucho menos es una religión. Es una invitación a experimentar, a hacer y vivir, dejando atrás las estructuras rígidas. Mi propósito es que puedas trabajar conscientemente, yendo del reposo al movimiento y del movimiento al reposo, mientras desarrollas tu poder de atracción.

Para ello, es esencial prestar atención plena a lo que atraes. El objetivo es eliminar la negatividad de tu vida y permitirte avanzar a tu propio ritmo, alcanzando un estado de claridad que te ayude a concentrarte y a crear la vida que necesitas.

Hoy en día, las redes sociales y los algoritmos presentan un desafío. Nos enfrentamos a una constante manipulación de nuestras búsquedas y deseos. Pero tú no eres un algoritmo, ni puedes responder solo a lo que otros han diseñado para ti. Este libro es un ensayo que te invita a cruzar puentes, reflexionar y mejorar creativamente la mirada sobre tu vida.

Si te permites usar el magnetismo que llevas dentro, podrás empezar a crear desde tu interior. La creatividad no surge de la nada, es un proceso dinámico que requiere atención, tiempo y trabajo consciente.

- ¿Eres libre en tus elecciones?
- ¿Te estás magnetizando por aquello que deseas o por lo que otros han impuesto?

Preocuparse no sirve; ocuparse es el camino. En lugar de quedarte en la inquietud, hazte las siguientes preguntas:

- ¿Qué eliges? ¿Qué dejas que otros elijan por ti?
- ¿Cómo está tu energía? ¿Eres auténtico en tus decisiones?

Abrirte desde tu yo auténtico te permitirá impulsarte hacia quien deseas ser. Incluso en la adversidad, el magnetismo interno puede empoderarte para lograr lo que emprendas. Esta fuerza no tiene que ver con tu apariencia, sino con tu autoestima y con la capacidad de trabajar en lo que te hace bien.

La energía que proyectas muchas veces llega antes que tú mismo. Por eso, es fundamental observar tus acciones, tus elecciones y las emociones que estas generan:

- ¿Te sientes pleno con las decisiones que tomas por ti mismo?
- ¿Qué sientes cuando las decisiones las toman otros por ti?

¿Sientes que tu mente está fija en ideas o eres flexible a abrirte a nuevos pensamientos? Cuando sientas atracción hacia cosas, ideas, personas, grupos o comunidades, sería bueno preguntarte qué funciona en ti y qué no. Si puedes, averigua dónde está tu amor propio y cómo vives el presente. Tus ideas se espejan en otros y luego se atraen y dan fuerza al ser. No sé si esta práctica te servirá, pero sugiero que explores cómo funciona en ti: sentir que tienes que hacer algo y crear tu momento.

A mí me ha funcionado en mi vida, y si me permites decirte, el magnetismo es un proceso que requiere mucha paciencia para apreciarlo. Es un proceso de acción y reacción que te permitirá entrar en un flujo creativo. Es una nueva ventana a tu vida que lograrás a través de la conciencia y la práctica.

Imán no pretende adoctrinar a nadie; es solo un libro-experiencia que da sentido a quien le sirva. Quizás, si emprendes tu búsqueda, en cada capítulo encuentres cuestiones que te hayas preguntado sobre tu vida.

Este es tu momento

Hace aproximadamente veinticinco años, escribía ensayos, apilaba cuadernos escritos a mano y trabajaba mi atención esperando que mi voz interior me dijera: "Este es tu momento".

Sentía que escribir era necesario y ponía énfasis en temas espirituales, así como en asuntos del corazón y el cerebro. He tenido muchas charlas sobre esto y siempre he estado atenta.

Pasaron los años y, desde hace unos meses, una voz interior me susurra: "Vuelve ahí, escríbelo y publícalo". Fue así como retomé los ejercicios de *journaling* del libro *El camino del artista* de Julia Cameron. Fueron muy útiles. Empecé a escribir por las mañanas, marcando rutinas y hábitos que dejaron pequeñas huellas. Cuando comienzas a escribir con rutina, todo cambia. Me propuse tres horas al día y, aunque a veces parecía poco, otras la hoja en blanco me desafiaba, y las palabras no llegaban.

Sin embargo, había momentos en los que las ideas fluían como un torrente, como viajar en una carretera interminable donde los temas se unían y cobraban sentido. Pasaba del movimiento al reposo en segundos, y el contexto tomaba significado. A través de este proceso, escribí varios ensayos. Descubrí que, en mí, escribir era una necesidad, una conversación con mi alma llena de vehemencia, apetito y una delicadeza desconocida. Al escribir, sentí que mi existencia cobraba un mayor sentido.

Las imágenes comenzaron a aparecer: me veía escribiendo junto al mar, en un campo lleno de frutales y huertas, perfumado, o en la ciudad rodeada de árboles. Parte de este sueño se hizo realidad en una casa en Uruguay, arbolada y con una huerta inigualable. Ese lugar fue un camino hacia la escritura. Entendí que darle forma al libro requería dedicación total.

He viajado a lugares donde mi órbita parecía ser una estrella que me guiaba, convirtiéndome en parte de cada espacio y ser. Sentía que me desencarnaba y encarnaba en cada experiencia.

Tras nuestra estancia en Uruguay, nos instalamos en una casa frente al mar. La arena era el contacto primario, y el pensamiento orbitaba con el movimiento del agua. El mar brillaba dentro de la casa. Allí, profundicé en el orden que requiere la escritura.

Tu gracia

El magnetismo es un proceso, una invitación a entrar en contacto contigo mismo, con tus ritmos y tus pausas. Escribir me ha permitido descubrir ese flujo y entender que, aunque desafiante, siempre hay algo en el camino que espera ser revelado.

A través de estas páginas, te invito a descubrir, mediante tu propia experiencia, de qué estás hecho. *Imán* es la atracción de tu gracia por medio de tu voluntad. Al practicar este enfoque serás capaz de observar las diferentes facetas de tu presente, entendiendo el impacto físico, mental y emocional de cada uno de tus actos.

Imán es una invitación a celebrar a la persona que eres, a que veas tu atractivo, tu ser revelador, y a que honres tu ser corporal y tu ser espiritual.

Imán es una invitación a cuestionarte cómo manejas tu disciplina, tus rituales y tus hábitos, y a que puedas reflexionar sobre lo que estás buscando y lo que deseas atraer.

Imán es una invitación a apreciar cómo fluye la energía hacia aquello donde va tu percepción, y a hacer consciente ese fluir a través de los rituales, la alimentación consciente, la práctica de la escritura, la trascendencia del ego y la gratitud.

Imán es una invitación a diseñar tu propio ritmo, a observarte en profundidad, y a redirigir tu conciencia hacia tu verdadero ser, a involucrarte desde lo individual hacia lo comunitario y hacia quien eres en realidad.

Imán es una invitación a que hagas de tu espíritu una gran obra y a que te descubras como un verso desplegado y que, como tal, te permitas mostrar la belleza que hay en ti.

Imán es una invitación a tener presente que somos lo que atraemos, que el magnetismo existe y que siempre estamos atrayendo: lo que nos pertenece, llega.

Tu gracia atrae tu voluntad. Eres un imán.

Capítulo 1
Volver a los rituales

Es la belleza dentro de nosotros la que nos permite reconocer la belleza que nos rodea.

Henry David Thoreau

En este capítulo te invito a explorar la posibilidad de transformar nuestras rutinas y hábitos en rituales conscientes. Al llevar a cabo con intención estos actos personales podremos encontrar un nuevo sentido de propósito y bienestar en nuestro día a día.

A medida que avances en la lectura podrás observar y reflexionar sobre tus propios hábitos. Mi objetivo es guiarte en la transformación de esos hábitos en rituales para lograr una mayor estabilidad y una conexión más profunda contigo mismo. Prepárate para descubrir cómo pequeños cambios pueden hacer una gran diferencia en la forma en que experimentas tu vida cotidiana.

Antes de adentrarte en el contenido de este capítulo, te propongo que reflexiones sobre las siguientes preguntas:

- ¿Cuáles son tus hábitos?
- ¿Te has propuesto cambiarlos?
- ¿Crees que te ayudaría hacerlo?
- ¿Qué es para ti un ritual?
- ¿Has hecho rituales?
- ¿Sientes la energía que usas en cada una de tus acciones?
- ¿Sabes de qué color es la energía que irradias?
- ¿Tiene algún aroma?
- ¿Hablas contigo mismo?
- ¿Te has autoindagado?

- ¿Hacia dónde van tus pensamientos?
- ¿Cuáles son tus máximas habilidades?
- ¿Qué es lo que más te gusta hacer?
- ¿Qué es lo que nunca harías?
- ¿Tienes conciencia de tu tiempo?
- ¿Qué relación tienes con el pasado?
- ¿Y con el futuro?
- ¿Qué símbolos te representan?
- ¿Te reconoces en algún símbolo?
- ¿Crees que eres parte de un colectivo?
- ¿Cuál crees que es tu estilo de vida?
- ¿Te gustaría cambiarlo?

Comencemos por el principio

¿Qué son los hábitos y en qué se diferencian de los rituales? Los hábitos son acciones automáticas que realizamos repetidamente sin pensar demasiado en ellas. Su propósito es simplificar nuestras decisiones cotidianas, ahorrando energía mental.

Los rituales son acciones que realizamos con mayor intención y conciencia. Aunque también pueden ser repetitivos, los rituales tienen un significado emocional o simbólico y se llevan a cabo con un propósito más profundo y suelen aportar un sentido de conexión o bienestar.

Para lograr volver a los rituales, miraría contigo la serie de acciones que realizas y que tienen un valor simbólico para ti. Estos rituales no están necesariamente vinculados a prácticas religiosas o culturales tradicionales, sino a actos personales que otorgan un sentido de propósito y bienestar en la vida diaria.

Un camino para indagar acerca de tus rituales es observar hacia dónde van tus deseos, metas e intenciones para que estén alineados.

- **Deseos:** Cuando aparecen tus deseos, vienen de una motivación interna específica que te interesa obtener y/o realizar y que genera emociones positivas cuando los logras.
- **Metas:** Son objetivos que persigues con persistencia y que te brindan una sensación de satisfacción personal.
- **Intenciones:** Cuando te comprometes a llevar a cabo acciones alineadas con tu voluntad y que te acerca a lo que deseas manifestar.

Cuando las repetimos, nuestras intenciones se vuelven rutina y, si tenemos disciplina, se convierten en hábitos. Al hacerlo de manera secuencial y siendo consciente de ello, estos hábitos se transforman en rituales que, además, se disfrutan.

Te sugiero que comiences con pequeños pasos como, por ejemplo, tender tu cama luego de levantarte todos los días.

Transformar hábitos en rituales

Meditar puede parecer una simple pausa, pero cuando lo conviertes en un ritual diario, se transforma en una herramienta poderosa para reconectar contigo. Volver a pensar despacio, tomar un vaso de agua al despertar, poniendo foco y atención plena en qué quieres de tus mañanas, ordena tu mente.

A continuación te propongo una guía de pasos que te ayudará a ordenar las acciones que llevas a cabo todos los días, profundizando en cada cosa que haces. Cuando tus rutinas se convierten en rituales logras un importante avance: les das significado y trascendencia a todo lo que haces. Así harás consciente qué es lo que atraes y qué rechazas de lo que viene a tu vida.

Para lograr rituales se requiere hacer ciertos pasos que involucren lo descrito:

1. **Empezar de a pasos pequeños y con metas realizables:** los hábitos podrán ser uno, dos o tres.

2. **Idear un itinerario y mantener fuerza de voluntad al principio.**

3. **Tener pequeños calendarios con notas:** para cumplir con los hábitos que te propones y que luego serán tus rituales.

4. **Haz de tus rutinas ritos:** la secuencia de hacer actos de la misma manera.

5. **Observa cómo avanzas y evalúa el desarrollo:** registra en un cuaderno o en un diario que estás cumpliendo con lo que te has propuesto.

Mi conexión con el universo

Siempre me he conectado con las estrellas, que me han guiado y me han mostrado caminos. Esto atrajo mi vida al presente. ¿Te has preguntado cómo es tu conexión con el universo?

Un acto simple como respirar se convierte en un ritual que puede llevarnos a un estado de paz interior y autoconocimiento. Al principio se manifiesta como una energía espiralada; vuelve ahí y estarás dentro de ti. Recuerda que la respiración es lo único automático, y se presenta como una herramienta de sanación de nuestros sentimientos y pensamientos; nos conecta con nuestro cuerpo, ayudándonos a mejorar nuestra comunicación interna y con los demás.

Cuando vuelvas a los rituales, volverás a ti. Te encontrarás tejiendo una estructura que te dará estabilidad. Cuando nos permitimos añorar quiénes somos en esencia, el hecho de ritualizar nos permite recordar y encontrarnos en lo simple. Y los rituales te conducirán a tu propio tiempo.

Los rituales dan estabilidad, son un ejercicio para buscarte y conocerte. Al permitirte elogiar las bondades de la vida, dejas las preocupaciones y dejas de alimentar tu presente con consumos inocuos o experiencias vanas. Porque las distracciones nos alejan de la conciencia. El móvil, que se ha vuelto extensión de tu mano, hace que estés en la búsqueda de la búsqueda. O usando las aplicaciones como WhatsApp, o las redes sociales, Facebook e Instagram, todas pertenecientes a la misma empresa, que en algunas oportunidades reportan fallas, y logran que al dejar de funcionar por algunas horas las personas se sientan fuera de sí e incluso al borde la locura.

El WhatsApp es utilizado para enviar y recibir mensajes por millones de personas en el mundo. En varias ocasiones ha dejado de funcionar por algunos períodos de tiempo, minutos u horas, y eso puede deberse a varias causas, pero la razón más probable es la sobresaturación.

Estos son los símbolos de una época. El signo de estos tiempos son las conexiones virtuales que, a veces, son percibidos como rituales. Si vuelves a ti, a tu conexión contigo mismo, y observas tus verdaderos rituales, podrás sentir que los límites los pones tú.

El tiempo y los rituales

Cada ser juega con el tiempo en su tiempo. Es algo que tiene límite, lo sabemos, es transparente, es limpio y cristalino. Es síntesis: es fijo o es eterno. Te propongo que mientras lees te abras a la posibilidad de que vengan a ti palabras que evoquen personas, cosas o momentos que te nutren, y a través del intercambio con ellas podrás dirigirte hacia tu propia gracia. Y así habitarás un lenguaje sensible que trasciende el autoconocimiento.

Definitivamente, el tiempo es fascinante. Los griegos tenían tres palabras para referirse al tiempo:

- **Aion**, el espacio donde el ser subsiste y aflora el sentido a través del acontecimiento.
- **Cronos**, el tiempo lineal que tienen todas las personas, la historia.
- **Kairos**, el momento justo.

Hoy es un tiempo nuevo, distinto, en el que cada ser tiene su tiempo propio. Cuando lo observo en mí misma me vienen a la mente palabras como *quantum*, microcosmos, macrocosmos, luna, sol, mágico, transparente, genuino, amuleto, tiempo fijo, tiempo eterno. Talismanes que aparecen quizás...

Recuerda que volver a los rituales enriquecerá tu tiempo, el propio. Conecta con aquellos que te alimenten, siéntelos, lo escribirás en tu cuerpo, allí se registran. Siempre que hagas de tu cuerpo un lugar sin promesas vanas, busca tu espacio y haz de él tu tiempo. Bucea dentro de ti, así lograrás conocerte más y mejor.

Eres único. Siempre puedes elegir la mejor versión de ti. Cuando pones la intención y repites a diario tus rituales suceden hechos inesperados, milagros. Y eso eres tú. Tu casa es tu cuerpo. La vida sucede ahí. Jugando con ello puedes llegar a ti. Un proceso de transición en el que podrás sentir el cultivo que haces en la tierra que habitas. Volverás a una autonomía que te dará libertad. Haz de tu cuerpo un jardín. Y de allí nacerá tu micromundo.

Descubrir tu mundo interior

El cítrico, y en especial el de las mandarinas y los azahares de los limoneros, son aromas frescos que en mi niñez me permitían libertad. Sentía un gozo muy particular cuando subía a los árboles de mandarina de mis abuelos. El perfume me conectaba con el campo y el jardín, que rodeaba la casa; ese era mi lugar en el mundo. Respiraba, soñaba y vibraba con la naturaleza. Estaba en estado de atracción pura. Buscar y descubrir cuál era mi aroma fue un largo camino que me llevó a descubrir que el mío es el cítrico que me va invadiendo con cautela y late en todo mi ser. Busca y conecta con el aroma que te conmueve.

¿Cuál es el mundo del que sientes que provienes? Al reconocerlo, aparecerá tu estampa con flores u otros objetos que hacen a tu leyenda, a la que perteneces. Como te conté, mi flor es el azahar y su aroma me envuelve y me da mucha potencia. ¿Conoces la leyenda de la flor de azahar? En las culturas mediterráneas, en especial la árabe, la consideran un símbolo de fidelidad y amor eterno. Y en mí, el delicioso aroma ha hecho milagros. Este símbolo me susurraba y ha estado presente como un buen presagio.

Cuando descubras tu perfume, podrás practicar los rituales que armonicen con tu jardín interior. Encontrarás tu esencia, tu cápsula, y el concepto visual que la envuelve, y se convertirá en tu guía hacia tu propio universo. Así, reconocerás tu ser, lo sutil que hay en ti, y la sabiduría que te permitirá caminar hacia el futuro con plena conciencia, en el presente, habitando cada acción.

Te propongo un juego: escucha cerquita de tus oídos, huele cerquita de tu nariz, siente cerquita de tus manos. Percibe los aromas que resuenan dentro de ti, seguramente esconden una historia, un homenaje a tu origen. A veces dirás "no tengo idea", pero seguirás buscando, hoy y mañana, hacia donde te guían tus señales. La mente sabe, y el corazón responde.

Observa lo que haces e intenta conectarte con tus rituales, recordando que son acciones simbólicas. Reflexiona sobre el lugar de donde vienes, ese pequeño espacio de tu identidad. La repetición es esencial en los rituales, y, si te lo permites, convertirás tu vida en un acto ritual que dará forma y transmitirá los valores que deseas que te representen. Al hacerlo con calma, abrirás un camino para descubrir tus propios patrones y creencias, permitiendo que tus valores se reflejen en armonía con tu comunidad.

Recuerda: encontrarás tus propios rituales a través de un proceso de incorporación corporal que requiere repetición.

La digitalización y el imán

Hoy, los mercados se enfocan en futuros humanos a gran escala, despojándonos poco a poco de nuestra esencia verdadera. Lo hacen de manera sutil, en lo pequeño, capa tras capa. Lo pequeño está ligado a lo simple, a lo esencial, sembrando semillas, en pequeñas dosis. ¿Te has dado cuenta de esto?

La digitalización actúa de la misma forma: siembra pequeñas semillas que, potencialmente, pueden convertirse en un bosque. Teje tu día a día, tus conversaciones, tus proyectos y trabajos, como una telaraña invisible que te envuelve y moldea. Lo pequeño está en los detalles.

La digitalización es un imán muy poderoso. Si observas bien cómo se perfila la sociedad, verás que hay atajos y atracciones que te permitirán ser tú mismo, pero también hay fuerzas que te magnetizan hacia una rutina frente a una pantalla, alejándote de tu verdadero ser.

La red es un imán. Tú eres un imán. Experiencia de imán. Puedes vivir en tu imán.

Posiblemente ya conozcas la paciencia y la espera, o tal vez no, porque esta conexión profunda dentro de ti te ha alejado de la contemplación. Lo que te propongo es que percibas los rituales como una experiencia para ser vivida. La idea es simple: pequeños cambios día a día, en busca de la serenidad y la alegría que habitan en nuestro verdadero ser. Contemplar es vital para ser tú mismo. Tú eres sencillo y esencial. Al contemplarte, te miras con amor, y en esa mirada descubres quién eres, vibrando en sintonía contigo mismo.

Somos tribu

Todos los seres humanos pertenecemos a tribus, comunidades con las que interactuamos constantemente. Al adoptar rutinas, como por ejemplo pasar más de ocho horas conectados en red, nos volvemos parte de un proceso similar al de un imán: la digitalización actúa como imán, y a través de la repetición de actos, serás atraído, vibrando con intensidad. Al hacerlo eres consciente de que perteneces a una tribu; por lo tanto allí vibras y te integras. Tus relaciones, tanto contigo mismo como con los demás, reflejarán tus hábitos y harán que tus rituales generen cambios profundos en tu mente y en tu corazón. Al notarlo, buscarás esos cambios que transformarán tu vida.

Si llegas a sentirlo, visualizarlo, y te das cuenta de que estás imantado por esta tiranía, buscarás un camino de salida. Este camino te conducirá a la práctica de rituales que te permitirán encontrar tu estilo de vida en libertad. Tal vez logres liberarte del vacío colectivo que endiosan las pantallas y de los contenidos que, al intentar seducirte, te arrastran hacia una gradual pérdida de referencia sobre quién eres realmente.

Intenta percibir qué símbolos atraes y te atraen, los que te mantienen magnetizado. Hemos perdido la repetición de palabras de memoria; ya ni siquiera recordamos nuestros números de teléfono. Aunque parezca algo antiguo, aprender de memoria ayudaba a fijar la atención. Lo que antes era una herramienta poderosa para el aprendizaje ahora parece obsoleto y es reemplazado por lo nuevo, que se banaliza y se convierte en rutina.

Presta atención y analiza detenidamente cuáles son las rutinas que te caracterizan.

Emanciparte a través de los rituales

Por suerte, tienes una oportunidad que te da tu imán: emanciparte. Si somos hijos de la era del aire y la digitalización, este ha sido tu camino. Observa cómo has recorrido hasta ahora ese camino y qué has hecho con ello. Tu imán te ofrece los medios para trabajar conscientemente en tu verdadero potencial, tanto intelectual como espiritual. Si tienes un corazón generoso y una mente inquieta, hay un sujeto reconocido en ese imán, y si deseas profundizar en ello, te invito a leer a Peter Sloterdijk, quien ofrece una descripción muy interesante de esta forma de ser.[1]

Reconciliar la tribu con el mundo digital, más allá de la búsqueda personal y colectiva, es una tarea esencial. Un imán que atraiga un cuerpo casa con sentido de justicia sería un objetivo poderoso.

---

[1] Peter Sloterdijk, "El hombre operable: notas sobre el estado ético de la tecnología génica". Disponible en: https://www.observacionesfilosoficas.net/elhombreoperable.html [28/10/2025]

Trabajar en el reconocimiento, tanto como conocimiento de uno mismo como del otro, es clave para aclarar el mundo digital en el que estamos inmersos. Esto nos permitirá develar y esbozar los enigmas de quiénes somos hoy como sujetos y cómo nos estamos formando como sujetos-imanes.

La tecnología ya posee toda la información sobre nosotros, registrando nuestras acciones y comportamientos en sus bases de datos. A través de herramientas de la psicología, los medios tecnológicos nos envuelven cada vez más, convirtiendo la tecnología en una herramienta muy persuasiva. Como los tragamonedas, nos mantienen conectados con la promesa de algo valioso al alcance.

Observación y práctica de rituales

Te propongo que observes la profunda belleza que transmiten los rituales. Si algunos de ellos te resuenan, te invito a que los observes y los practiques, para conectarte contigo mismo y descubrir si aquello que atraes te representa. Si te sientes cautivado, examina lo que percibes y lo que otros perciben de ti, observa qué parte de tu comunidad estás creando.

Recuerda que todo es un juego de atracción, y al otro lado siempre hay un imán. Permítete explorar cómo te ven los demás y cómo todo lo que consumes gravita hacia ti.

Cada interacción está regida por algoritmos, incluso las conexiones que moldean las redes. Para muchos, la tecnología se percibe como una especie de magia, que nos observa y nos refleja como los imanes que somos, replicando nuestras acciones en modelos o prototipos.

¿Cómo te sientes con los imanes que atraen tu vida? La respuesta a esta pregunta te dará las pistas a seguir.

Reflexión personal

Durante la pandemia de covid-19, que se extendió entre 2020 y 2021, me encontré con mis deseos más profundos: leer en la naturaleza, escribir rodeada de paisajes con aire puro y sumergirme en la belleza de la tierra y su magia. En ese tiempo, descubrí que mi balcón y el árbol que me acompaña se convirtieron en mis mejores aliados.

Puedo decir que muchas cosas han cambiado, y siento que ya estamos en otra era: más aire, más imantación, más magnetismo y más incertidumbre, pero una incertidumbre que intuyo diferente. Algo muy lindo ha sucedido dentro de mí, y he aprendido que los deseos y los sueños se cumplen. Si sientes miedo, es normal. Aunque tengas dudas, si realmente quieres algo, ve por ello, aunque implique cierto movimiento. No te quedes con las ganas de intentarlo.

Capítulo 2
Somos lo que comemos

Los alimentos que comes pueden ser
la forma más sana y poderosa de medicina,
o la forma lenta de envenenarte.

Ann Wigmore

Ya hemos profundizado sobre los beneficios de los rituales en nuestra vida diaria, a continuación te propongo tomar conciencia de cómo la alimentación influye en ti y también en tu entorno. A lo largo de este capítulo nos enfocaremos en conceptos como el Ayurveda, la agricultura natural y los beneficios de una dieta orgánica, porque la comida no solo es un medio de nutrición, sino que es una vía hacia el bienestar integral y la armonía con el mundo.

Las siguientes preguntas te ayudarán a reflexionar sobre esta temática.

- ¿Cómo es tu alimentación?
- ¿Sientes que tu cuerpo necesita una dieta individualizada?
- ¿Has hecho un análisis para determinar tu propia constitución psicofisiológica?
- ¿Sabes que equilibrar la relación de base ácida o pH abre nuevas posibilidades para tu cuerpo?
- ¿Sabes que la alimentación consciente implica comprender cómo la comida que consumimos afecta a nuestro cuerpo?
- ¿Sabes que los alimentos influyen en nuestras emociones, nuestra mente y nuestra vida espiritual?
- ¿Te has preguntado cómo tus alimentos afectan tu vida y la de los animales que habitan el planeta?

- ¿Entiendes que el espíritu, la mente, las emociones y el cuerpo son impactados significativamente por la comida que consumimos?
- ¿Sabías que existen mensajes alimenticios sutiles en la naturaleza?
- ¿Cómo te llevas con preparar tus propios alimentos?
- ¿Conoces o has oído hablar del Ayurveda?
- ¿Eres consciente de que vivimos una nueva era en la cual la alimentación es central?
- ¿Comprendes que lo que comemos compromete la ecología planetaria?
- ¿Sabías que tu dieta puede protegerte contra los peligros de la radioactividad?

Somos lo que comemos

Estamos viviendo un nuevo momento colectivo, un despertar. Hacer consciente la alimentación no se trata solo de preparar los alimentos que consumimos, sino de reconocer que nos nutrimos también de los vínculos que construimos con los demás y con el entorno. La alimentación consciente implica comprender la relación que mantenemos tanto con la comida que consumimos como con las relaciones que cultivamos. Ambas afectan nuestro cuerpo, nuestro espíritu y nuestra esencia. Porque somos lo que comemos. Y nuestro cuerpo, que es nuestra casa, cambia de paisaje, de colores y de texturas según lo que elegimos poner en nuestro plato, siempre respetando nuestra esencia y la ley de la semejanza.

El significado de los sabores

Cada sabor que probamos tiene su propia historia. Algunos han existido por siglos y han evolucionado en diversidad y profundidad. Cuando prestes atención a los sabores de tus alimentos, si es que aún no lo haces, verás en ellos su esencia y allí comenzará un viaje de autodescubrimiento. Cada alimento te invita a explorar más allá de lo tangible, conectando con la historia de la naturaleza y con tu propia historia.

Conocer a personas de diferentes culturas me ha permitido descubrir una diversidad de ingredientes que han expandido mis horizontes culinarios. Me siento muy afortunada, ya que he tenido la oportunidad de experimentar una gran variedad de sabores, colores y texturas.

Abrir tu cocina a la variedad es abrir tu vida a un mundo de posibilidades. Mi enfoque ha sido siempre buscar alimentos de temporada, frescos y, en lo posible, orgánicos.

Cocinar con ingredientes de estación y llevarlos de la naturaleza a la mesa es un acto de amor y gratitud hacia la vida. Desde mi punto de vista, alimentarse es cocinar con simplicidad y suavidad, usando especias llenas de color y hierbas aromáticas que acompañen y realcen cada plato. También me maravilla pensar en la comida como un encuentro, un puente que conecta mi presente con mis recuerdos de infancia: las mandarinas y naranjas en otoño, con sus colores vibrantes y contrastantes entre el verde y el naranja. Sus perfumes, tan únicos y personales, envolvían mis manos con su fragancia dulce y pegajosa. Como ya te conté, estos aromas me conectan con lo más profundo de mi ser.

Sanación, hábitos y conexión con la infancia

La sanación es un proceso que comienza con el cuerpo físico y luego se expande hacia el espíritu. Sanar significa entender que el amor es el camino; reconocer que el cuerpo no es solo una máquina que debemos mantener funcionando. Es nuestro hogar, el lugar donde hemos decidido asentarnos. Y este hogar, como cualquier otro, requiere cuidado y atención. La casa y el cuerpo tienen una relación profunda y relajada; uno es parte del otro.

Para ello, te propongo hacer foco en tus hábitos y comenzar por comprender qué alimentos digieres y aprender a dejar aquellos que no digieres; cuando lo hayas hecho, habrás entrado en un nuevo mundo. Hay un principio ayurvédico que dice: "Puedes comer el elixir máximo, pero si no lo digieres, tu cuerpo lo sentirá", ya que la fuerza de la digestión transforma el alimento en energía.

Más adelante te contaré más sobre el Ayurveda, pero antes te propongo que aprendas a jugar con la comida y con la vida. Este juego es capaz de revelarnos sorpresas y descubrimientos ilimitados. La mente no sigue una línea recta, y la relación que tenemos con los alimentos puede estar conectada con nuestros recuerdos y experiencias de la primera infancia.

Aprendemos a comer y a dar simbolismo a la comida desde muy pequeños, por ello es importante observar los lazos que se establecieron con la alimentación en tu infancia: ¿de qué te alimentabas?, ¿qué vínculos y relaciones te movían?

La mayoría de las veces, los trastornos alimenticios tienen su origen en patologías psíquicas. La alimentación refleja nuestras emociones, ya sea en forma de alegrías o angustias. Y los niños son a menudo quienes mejor expresan esta conexión. Viajar en el tiempo y revisar nuestra infancia puede ayudarnos a entender mejor nuestra alimentación actual, brindándonos la oportunidad de abordar nuestra relación con la comida desde una mayor conciencia.

Durante la niñez, percibimos y sentimos las fuerzas del universo con gran intensidad. Y la alimentación es uno de los pilares fundamentales que sostienen esa fuerza vital. Por eso, si deseas proyectarte hacia el futuro, tendrás que viajar al pasado y luego volver al presente y observarte.

Las huellas de nuestra infancia quedan impresas en nuestro cuerpo, y cada alimento que ingerimos deja una marca. Es interesante reflexionar sobre qué tipo de huellas estamos dejando y en qué estamos invirtiendo nuestra energía al alimentarnos. Si logras entender que la memoria es el corazón de todo problema, podrás tomar el control de los cambios y ajustes necesarios para equilibrar tu comportamiento alimenticio.

Es importante recordar de dónde venimos para entender dónde estamos. Viajar en el tiempo nos permite romper con los límites cronológicos y geográficos que nos impone la mente. El pasado es un componente esencial del presente, y nuestra memoria juega un papel crucial en la comprensión de nuestro camino de vida. Las experiencias más poderosas del pasado no se quedan en un solo lugar; tienen una supervivencia activa, disruptiva y poco estable.

Cocinar como un acto de gratificación

Para mí, cocinar está relacionado con gratificarse, disfrutar de la abundancia y la frescura de los ingredientes y, además, sorprenderse en el proceso. Cada plato que preparamos tiene su propio relato, y cada ingrediente cuenta una historia, que se refleja en el sabor y en la calidad de lo que comemos. Nuestras palabras también están presentes en lo que nos alimenta, en lo que colocamos en nuestro plato, y esa conexión emocional con la comida hace que cada alimento se convierta en un reflejo de vida.

Al mirar la transformación que ocurre al alimentarse conscientemente, entramos en un proceso de evolución personal. Alimentarse de manera consciente es como transitar un laberinto en el que cada paso tiene un propósito. La comida no sigue un desarrollo lineal, y son las pequeñas decisiones las que pueden cambiar la forma en que vivimos nuestra vida. Las decisiones sobre qué comer, las emociones que se activan al alimentarnos y los sentimientos que surgen mientras lo hacemos también son alimentos que afectan nuestra existencia. A veces, incluso una simple elección puede tener un impacto significativo, a tal punto que puede cambiar la vida de una persona.

Cada cocina tiene sus propios paisajes; es un universo único que depende de lo que consumimos como ingredientes y de cómo interpretamos esos ingredientes a través de nuestras creencias y valores. Ellos son el alma de lo que cocinamos y, por lo tanto, son el alma de lo que somos. Además, tener en cuenta que hay ingredientes específicos para cada estación del año nos permite una conexión más profunda con la naturaleza y el ciclo de la vida.

¿Qué diferencia puede hacer una persona en la cocina? Esa diferencia dependerá del tipo de cocinero que seas, de los ingredientes que uses, de tus creencias y de la energía que pongas en cada plato. Sin embargo, la diferencia real se logra al desarrollar una forma de cocinar con alimentos que te nutran y que no causen inflamación, que sean fáciles de digerir y que promuevan el equilibrio en el cuerpo.

Los alimentos que eliges para preparar tus platos afectan la diversidad y el equilibrio de la microbiota de tu intestino. Por ello, es importante optar por alimentos ricos en nutrientes.

El poder transformador de los actos conscientes

¿Alguna vez te preguntaste si comer alimentos naturales o procesados hace una diferencia para la Tierra? Lo cierto es que la mayoría de los alimentos procesados tienden a ser adictivos porque están diseñados para generar dependencia. Sin embargo, lo que nos beneficia a nosotros y a todo lo que nos rodea es optar por lo natural. El impacto de nuestros alimentos va más allá de lo que comemos; influye en el planeta y en la vida de todos los seres que lo habitan.

Las personas que hacen la diferencia son aquellas que prestan atención a lo que consumen, cuidando tanto su bienestar como el de quienes los rodean. Este enfoque no apunta solo a seguir una dieta específica, se trata de establecer un círculo virtuoso de influencia positiva. Quienes no necesitan credenciales para hablar sobre alimentos, sino que se dedican a cuidar lo que comen y lo que ofrecen a otros, son los que crean felicidad para sí mismos y para los demás.

El acto de alimentarse de forma consciente, con la intención de no contaminar, puede generar verdaderos milagros y transformaciones profundas. Aquellas personas que buscan el bien de los demás a través de los alimentos cuidan la salud del planeta y promueven actos de bondad que tienen un valor incalculable. La felicidad que te da un alimento, cuando es compartido y preparado con amor, puede tocar tu vida y la de los demás de formas que ni siquiera imaginamos. El efecto de un buen plato de comida, preparado con intención y con un buen corazón, es incalculable. Recuerda que somos lo que comemos.

Si alguna vez has reflexionado sobre tu dieta, sabrás que ser conscientes de lo que comemos es un paso esencial para evolucionar como personas. Nuestra alimentación puede convertirse en una herramienta poderosa para la conciencia y el desarrollo personal.

Cuando pienso en una dieta equilibrada, me gusta mezclar diferentes enfoques: la dieta ayurvédica, la macrobiótica, la vegetariana, la naturista, y siempre buscando lo más limpio y natural posible. Los frutos de estación son, en mi opinión, la opción más óptima y vibrante.

La agricultura orgánica

La agricultura orgánica y auténtica es un camino para acompañar una alimentación saludable. En la actualidad, es más sencillo conectar con una dieta orgánica y más saludable gracias a la disponibilidad de alimentos y recursos. Como menciona el homeópata norteamericano Gabriel Cousens en su libro *Alimentación consciente*,[2] la agricultura natural vegana tuvo sus inicios en 1935 con el maestro Mokichi Okada, quien desarrolló lo que se denomina "agricultura natural".

En aquel entonces, Japón comenzaba a introducir químicos en la agricultura, lo que preocupó a Okada por sus efectos negativos sobre la naturaleza. Al observar los ecosistemas naturales –como bosques y praderas–, se inspiró para crear un método agrícola que imitara el equilibrio y sostenibilidad de la naturaleza. En la década de 1980, Teruo Higa, PhD de la Universidad de Ryukyus en Okinawa, Japón, descubrió microorganismos efectivos (EM) que tenían la capacidad de mejorar la calidad del suelo y las plantas, promoviendo así la agricultura sostenible y la salud ambiental.

Se ha demostrado que los microorganismos efectivos ayudan a resolver nuestros problemas prácticos en el hecho de cambiar las granjas hacia métodos más sustentables. Junto a John Phillips, Cousens

---

2. Gabriel Cousens, *Alimentación consciente*, Buenos Aires: Antroposófica, 2011.

introdujo en la fundación Tree of Life la práctica de la agricultura natural, y siguiendo los preceptos del Dr. Higa desarrollaron un método de agricultura natural vegana, que toma su modelo de la propia naturaleza. Es una técnica que otorga una mayor productividad de la vida vegetal y animal, ya que acumula fertilidad de manera natural, y eso representa un marcado contraste con los métodos de agricultura tradicional.

La importancia de consumir orgánico

La agricultura natural reconoce el poder del "suelo viviente", un factor clave para cualquier sistema agrícola sustentable y resistente. Su objetivo es eliminar el uso de fertilizantes orgánicos que contengan subproductos de la industria cárnica, como harina de huesos, plumas o emulsión de pescado, y de esa manera promover una alimentación viva que nutra el cuerpo.

Muchos productos, incluso aquellos etiquetados como orgánicos, contienen ingredientes de origen animal que se utilizan como fuentes de nitrógeno. La relación entre la alimentación y la agricultura es íntima, y es importante aclarar que la agricultura natural no excluye el uso de animales para ayudar a equilibrar el agroecosistema. Por ejemplo, los patos y los gansos pueden ser utilizados para el control de las malas hierbas, y las gallinas y los pavos, para el control de insectos dañinos como los saltamontes.

Es fundamental promover el consumo de alimentos orgánicos y naturales. En Estados Unidos, el veinte por ciento de los pesticidas registrados están relacionados con enfermedades como el cáncer, defectos de nacimiento y diversos daños en el sistema nervioso central. Los pesticidas, diseñados para eliminar plagas, también afectan a las criaturas vivientes y, por lo tanto, a nuestra salud.

Saber qué alimentos ponemos en nuestra mesa, qué compartimos con nuestros seres queridos, familiares y amigos, y qué llevamos a nuestro cuerpo es crucial para protegernos del envenenamiento ambiental.

También los alimentos genéticamente modificados son una amenaza para el medio ambiente y nuestra salud. Según el físico cuántico John Hagelin, "cuando los ingenieros genéticos pasan por alto los lazos genéticos dispuestos por la ley natural, corren el riesgo de destruir nuestra naturaleza más pura".[3]

Los alimentos irradiados y manipulados pueden tener efectos negativos e impredecibles, aumentando los niveles de toxinas y disminuyendo el valor nutricional de los alimentos. La recomendación es consumir orgánico auténtico o incluso cultivar tus propios alimentos. Un producto orgánico tiene un ochenta y ocho por ciento más de nutrientes que un producto no orgánico que ha sido cultivado comercialmente.

Estamos viviendo una época muy delicada que nos remite al nacimiento de la era nuclear, cuando la humanidad se situó en el umbral de una nueva tecnología. Nadie sabía que la energía nuclear nos llevaría a la aniquilación o llenaría el planeta de residuos radioactivos muy tóxicos. Cuando no sabemos lo que estamos haciendo, e insistimos en entrometernos, tenemos el potencial de crear mucho daño. Como afirma el dicho: "Si no está roto, no lo arregles".

---

3. John Hagelin, *Manual for a Perfect Government: How to Harness the Laws of Nature to Bring Maximum Success to Governmental Administration*, Maharishi University of Management, 1998.

Numerosas investigaciones verifican que los peligros de los alimentos manipulados genéticamente son múltiples. Pueden tener un impacto negativo y crear niveles más altos de toxinas en el ambiente.

Recuerda: si puedes, consume orgánico auténtico o cultiva tú mismo.

Seguir a la naturaleza

Seguir a la naturaleza es fundamental para alcanzar la salud y la felicidad. Los seres humanos somos como imanes que atraen luz, y en estas páginas te propongo lograr esa armonía con la luz. Es un paso hacia la conexión con los elementos esenciales: la tierra, el agua, el aire, el fuego y el éter. La clave es consumir productos agrícolas auténticos y orgánicos, cultivados en la plenitud de la luz. También se ha demostrado en varios mamíferos que una restricción calórica adecuada puede alargar la vida, y aunque esto no ha sido comprobado en humanos, se infiere que nutrirse con este tipo de alimentos nos brinda la posibilidad de ser más fuertes, jóvenes y llenos de energía.

Utilizo los términos 'comer' y 'ser' porque, para alcanzar un estado óptimo de ánimo, es fundamental estar alimentado de manera sana y consciente. Esto implica no solo nutrir el cuerpo, sino también alimentar el espíritu con amor por la vida. Acompáñate de tu propio imán, y lo que atraigas a través de una alimentación saludable y consciente hará que brilles en tu misión de vida y te destaques por tu virtud.

Busca tu luz, y allí aparecerá tu imán.

Como complemento, es importante destacar que dormir bien es el alimento más importante que puedes darle a tu cuerpo. Recuerda que el sueño es la mejor comida; si duermes de forma agradable y relajante, tu cuerpo sentirá plenitud. La moderación y la prudencia son elementos fundamentales de tu alimentación, y al trabajar en ellos, avanzarás significativamente en tu bienestar personal.

La sanación y el proceso de transformación

Reducir la ingesta de alimentos sólidos y aumentar la de líquidos –como tés, jugos, sopas y licuados– ayuda al organismo a llevar a cabo su propia transformación. Transformar y transformarse a través de la alimentación ayuda a sanar el cuerpo. También escribir sobre lo que significa alimentarse puede ser una herramienta de estímulo para tomar conciencia de quiénes somos y aprender a comer y elegir lo que nos nutre a nivel físico y espiritual.

Seguir un camino inspirado por aquellos que nos motivan hacia una alimentación consciente permitirá que nuestro cuerpo físico exprese su máximo potencial.

Es un placer y una satisfacción inmensa encontrar a un maestro o guía que te inspire en la alimentación. Completar esa parte de tu ser puede generar gratitud y mejorar tu estado físico, lo cual llevará a una mejora espiritual. Todo ello requiere tiempo y concentración, pero encontrar una guía que esté vinculada a tu ser interior puede ayudarte a desarrollar lo que necesites como individuo único y conectado con toda la humanidad.

La autoinvestigación y el autoconocimiento son claves para saber qué comer. Profundizar en tu interior y buscar soluciones prácticas y reales para tus problemas alimenticios te llevará a explorar lo que en verdad necesitas, siempre que provenga de la naturaleza. Hacer una síntesis contundente de tu guía interior implica dar importancia a los aspectos físicos, psíquicos y espirituales. La sabiduría radica en descubrirse a uno mismo y llevar a cabo un proceso curativo holístico que abarque la alquimia biológica que tenemos dentro.

Comer sano es un regalo que nos damos a nosotros mismos, y para saber cómo vivir mejor en un mundo donde nos contaminamos a diario, deberíamos mirar en profundidad nuestra biología y nuestra espiritualidad.

Curémonos, trascendamos nuestras toxinas y sanemos desde ese lugar de luz que se encuentra en nuestra esencia. Sin importar la edad que hayas alcanzado, siempre es posible lograr resultados positivos con la restricción calórica o con el método que mejor se adapte a ti. La restricción calórica produce efectos rápidos al disminuir las toxinas del cuerpo y restaurar parcialmente la capacidad del hígado para metabolizar y desintoxicar.

La conexión emocional con los alimentos

Ama lo que comes, como si nunca hubieras sido herido. Deja que tu comida solo te nutra y que la vida fluya a través de ti. Es esencial aprender a confiar en lo que consumimos, ya que esa confianza se reflejará en nosotros mismos y en nuestra capacidad de confiar en los demás.

El siglo XXI es un tiempo de oportunidades para alimentarnos sanamente y cuidar la Tierra; es el siglo de la gente y del aire. Si esta idea te resuena no hace falta nada más. Ten el valor de seguir a tu corazón y aliméntate para convertirte en quien quieres ser.

La vida se expande, se ensancha. Cuando te identificas con un patrón alimenticio específico, puede ser difícil ir más allá de él. Pero enciende tu luz, busca tu corazón, tu amor, la felicidad, y renuncia a todo aquello que sientas que no va contigo. Come de acuerdo con quién eres y permítete confrontar todo lo que has sido.

Te propongo que busques tu camino personal y único, sabiendo que somos cocreadores de nuestra experiencia y que no hay culpa, solo aprendizaje. Atravesar momentos que nos llevan a profundizar en nosotros mismos es un regalo de la vida, y encontrar ese lugar especial que nos permite mirarnos con claridad nos ayuda a reconectar con nuestro poder interior.

Consumir alimentos vivos y practicar el ayuno periódico o intermitente crea condiciones óptimas para prolongar la vida, minimizar enfermedades crónicas y mejorar la calidad de vida. Comer menos extiende la expectativa de vida. Como dice Gabriel Cousens: "Es interesante pensar en una dieta multicolor". Los colores nos conectan con la naturaleza y con nuestra verdadera esencia.

Como escribió Arthur Rimbaud en su poema "Vocales":

A negra, E blanca, I roja, U verde, O azul: vocales
diré algún día de vuestros latentes nacimientos.

Cuando nos alimentamos, identificamos los alimentos con los colores que presentan. Este simbolismo no es rígido, pero se acerca a una representación fiel de la naturaleza en su forma más pura.

Alimentos vivos y su impacto en la salud

Cousens también señala que cuando cocinamos, destruimos los fitonutrientes y duplicamos la ingesta calórica. La cocción deshidrata el alimento y transforma el agua biológica presente en él, lo que produce deshidratación y reduce su calidad.

Las enzimas de los alimentos vivos favorecen la digestión. Edward Howell, pionero en su estudio, sostiene que preservarlas es clave para la longevidad. Consumir alimentos crudos disminuye la demanda de enzimas propias del cuerpo, al optimizar el proceso digestivo.

La alimentación viva tiene sus raíces en la idea de aprovechar los nutrientes de los alimentos frescos y sin procesar. A finales del siglo XIX, el médico suizo Maximilian Bircher-Benner impulsó el consumo de frutas y verduras crudas tras comprobar sus beneficios para la salud. Más adelante, Ann Wigmore, pionera en la promoción de la alimentación viva, popularizó el uso de germinados y jugos verdes como métodos para desintoxicar el cuerpo y recuperar la vitalidad.

El fisiólogo Albert Szent-Györgyi, premio Nobel de Medicina, quien estudió los procesos de combustión biológica en relación con la vitamina C, destacó que los alimentos frescos preservan mejor sus propiedades nutricionales, y refuerzan el vínculo entre los nutrientes vivos y la salud humana.

La importancia de la luz

Johanna Budwig, experta en bioquímica y filosofía humana, explica que ciertos alimentos, como la semilla de lino, pueden captar y transmitir la energía del sol al cuerpo. Según ella, los alimentos ricos en electrones actúan como pequeños receptores de energía solar, ayudando a almacenarla y distribuirla en nuestro organismo. En especial, la semilla de lino, por su estructura química, aporta una gran cantidad de electrones beneficiosos para la salud.[4]

---

4. Johanna Budwig, *The Budwig Cancer & Coronary Heart Disease Prevention Diet: The Complete Recipes, updated Research & Protocols for Health & Healing*, Freedom Press, 2012.

Entonces, cuando más luz solar incorporamos a nuestra dieta a través de alimentos vivos, mejor restauramos nuestra energía y capacidad de absorber electrones solares. Piensa en alimentos que reciben la luz del sol, y sabrás qué consumir para tu bienestar. Nuestra salud y conciencia dependen de nuestra habilidad para atraer, almacenar y conducir la energía de los electrones. Cuanta más luz almacenemos, más fuerte será nuestro campo electromagnético y mayor energía tendremos para sanar y mantener una salud óptima. Seamos luz.

Las personas más saludables tienen mayor cantidad de biofotones (partículas de luz emitidas por las células vivas, que podrían ayudar en la comunicación celular y la regulación biológica), y los alimentos orgánicos silvestres desprenden más energía que los cultivados de manera convencional. Una dieta viva nos convierte en conductores de energía no solo eléctrica, sino también cósmica, lo que nos ayuda a elevar nuestra sensibilidad espiritual.

Los alimentos vivos son cimientos para el desarrollo espiritual. La alimentación viva nos conduce a una energía más elevada, claridad mental, producción de endorfinas y neurotransmisores y dicha óptima por la vida. Además, consumiendo orgánico apoyamos la sanación global, así como nuestra ecología personal.

Ayurveda: un enfoque equilibrado

El Ayurveda, o la "ciencia de la vida", propone un trabajo con el equilibrio. Cada ser es único, y los mejores alimentos y estilos de vida ayudan a enfatizar nuestras constituciones psicofísicas, conocidas como *doshas*, que en sánscrito significa 'falta'. Estos son: Vata, Pitta y Kapha. Estos doshas nos permiten ver las energías que circulan en el cuerpo al mismo tiempo que nos ayudan a mirarnos y determinar dónde está la falta. La medicina ayurvédica, con sus más de cinco mil años de historia, nos brinda una guía para determinar la dieta y el estilo de vida más apropiados para cada ser.

La base del Ayurveda es adaptar tu dieta a tu constitución y estar atento a lo que digieres. Según el *tridosha* los alimentos ayurvédicos revelarán qué funciona mejor para ti. Te ayudará a mantener tanto la coherencia de la nutrición como la interacción entre las fuerzas del alimento y las fuerzas dinámicas propias de cada uno.

Recordemos que los cinco elementos básicos son:

- Tierra
- Agua
- Fuego
- Aire
- Éter

Y se manifiestan en el complejo psicosomático humano como un equilibrio de las tres esencias de los doshas: Vata asociado a la energía "aire" y al "éter"; Pita asociado al "fuego"; y Kapha, al "agua" y "tierra".

Desde mi experiencia, el Ayurveda es una de las vías que podrá conducirte a identificar tu tipología. Con ayuda de un médico ayurvédico tendrás una importante guía y podrás empezar a recorrer un poderoso camino de autoconocimiento.

Conocí a mis maestras, Carmen Frigerio, Sol Sananes y Nisha Saimi, quienes han iluminado mi camino hacia una alimentación equilibrada y saludable. El Ayurveda te invita a mirar profundamente en ti, y con la ayuda de un médico especializado puedes descubrir la dieta que mejor se adapte a tus necesidades y equilibrio personal. Hoy sigo con Sol y Nisha, sabias que son luz viva y ayudan a iluminar mi cuerpo y mi alma. Estoy muy agradecida con ellas por las técnicas recomendadas: de purificación, dieta, hierbas, minerales, masajes, digitopuntura, manipulación de los marmas, ejercicios como yoga, música, aromaterapia, esencias florales, música clásica e india y también las gemas y los remedios potenciados o infinitesimales como los que ofrece la homeopatía.

Estas terapias son una especie de progreso espiritual y sanador, la relación médico-paciente es una peregrinación. Si sigues este camino, te transformarás en investigador y empezarás a confiar en tu propio conocimiento de las mejores opciones que haya para ti. Entonces estarás preparado para ser potencia y no solo acto. Te harás cargo de tu autosanación. Busca la que quieras, la que te resuene, y sigue tu imán en el camino de la sanación.

Reflexión personal

Sanarse es un proceso continuo de autoconocimiento y transformación. En este campo, Patricia Frese, médica antroposófica, increíble y holística si las hay, fue una gran guía y compañera. Las terapias holísticas, como la terapia del color, la visualización, la meditación, y los rituales de adoración durante la comida, han sido muy sanadoras para mí.

Te invito a seguir tu imán en el camino hacia la sanación, a encontrar el método que resuene contigo y a confiar en tu propio conocimiento para tomar las mejores decisiones alimenticias para tu bienestar.

Somos seres únicos e insustituibles, y la clave para sanar es adaptar tu dieta a tu constitución y estar atento a lo que digieres. La alimentación viva, orgánica y equilibrada con los tres doshas te permitirá mantener la coherencia entre cuerpo y mente y transformar tu vida desde adentro hacia afuera.

Capítulo 3
Escribir

Mi oficio es escribir, y lo sé bien y desde hace mucho tiempo.
Espero que no se me interprete mal: no sé nada sobre el valor
de lo que puedo escribir. Sé que escribir es mi oficio.

Natalia Ginzburg

- ¿Sueles escribir?
- ¿Llevas un cuaderno de notas o un diario íntimo?
- ¿Escribes en tus sueños?
- Si lo haces, ¿te sientes cómodo?
- ¿Piensas que la escritura te puede ayudar a ordenar tus pensamientos y a vivir mejor?
- ¿Piensas que decir es una forma de sanar?
- ¿Tienes algún proyecto de escritura?
- ¿Qué hay en tu interior, en tus sueños, en tus pensamientos?
- ¿Sientes que hay una idea que te defina?
- ¿Pones tu atención plena en tu poder de imán para escribir?
- ¿Qué le escribirías a tu yo del pasado?
- ¿Y a tu yo del futuro?

La transformación a través de la escritura

Antes de desarrollar este capítulo, noto que escribo porque aún no sé exactamente qué pienso sobre el tema ni por qué quiero reflexionar al respecto, y eso me resulta fascinante. Mi concentración suele ser dispersa; me cuesta enfocarme en una sola idea. Pero hay algo seguro: escribir me transforma, y con ello también cambia mi pensamiento.

Al escribir, mi atención se afina y emergen años de aprendizajes y sueños, algunos cumplidos, otros desvanecidos.

En esos momentos siento que el universo me conduce y que hay una red de conexiones que me llevan de una idea a otra, ramificándose y formando enlaces. Cuando escribo, también recuerdo, y aparecen pensamientos nuevos que se enlazan unos con otros. Y así, de a poco, empiezo a reconocer la meta narrativa en la que estoy enmarcada. Muchas de esas ideas son una mezcla maravillosa, mientras que otras son combinaciones caóticas, sin sentido. Si tuviera que escribir solo para comunicar lo que ya pienso, creo que no lo haría nunca; me faltaría el valor.

Durante nuestra vida expresamos y hacemos públicos nuestros pensamientos y actitudes, nuestras formas de ver las cosas, a menudo sin darnos cuenta. Pero al escribir, esto cambia: nos armamos de valor, y emerge un fuego purificador. Si nos dejamos llevar, este fuego permite la transformación.

Cuando nos disponemos a escribir estamos abiertos a contar algo. Entonces aparece la palabra 'creatividad', que todos tenemos. La creatividad es la suma de pensamientos, deseos, acciones, observaciones, saberes, emociones y cualidades íntimas. La idea es que aprendamos a escucharlos a todos.

Escribir a veces implica compartir algo que, al principio, nos cuesta revelar. Sin embargo, de ese acto puede emerger algo que marcó una época particular de nuestras vidas. Tal vez, detrás de esa etapa se oculte la verdadera historia, porque, en el fondo, todos somos parte de una gran historia. En definitiva, estoy convencida de que la escritura nos invita a crear, a descubrirnos y a entender quiénes somos en realidad. Nos permite explorar lo que pensamos y reflexionar sobre cómo ese proceso de expresión nos transforma. Es, sin duda, una invitación maravillosa.

Historias como legado

De niña, crecí rodeada de relatos, poesías y las historias que me ofrecía mi entorno. Mis abuelos, inmigrantes franceses y españoles, dejaron huellas profundas en mi infancia. Por parte paterna, dos hermanos se casaron con dos hermanas y se establecieron entre Las Flores y San Miguel del Monte.

San Miguel del Monte era un lugar cargado de historia: allí se asentó el caudillo Juan Manuel de Rosas, y fue el hogar de los legendarios Colorados del Monte, conocidos por su mística particular. Mis antepasados compraron tierras en esa región y se dedicaron a la cría de ovejas. El campo "La California" tenía un encanto único. Un tren cruzaba por el medio, y alrededor de él surgían historias de linyeras, gauchos, carreras cuadreras y jugadores de toda clase. Si no me hubiera sumergido en la búsqueda de narraciones, muchas de estas historias habrían permanecido ocultas para mí.

Alrededor de los quince años, estudiaba y leía sobre escritores, un hábito que me marcó mucho. La experiencia en el campo añadió intensidad y profundidad a mis escritos, conectándome con emociones más genuinas y paisajes internos más ricos. Cuando empezamos a escribir sobre lo que nos emociona, creamos historias que capturan realidades vividas o imaginadas, una fusión de lo que somos y de lo que soñamos.

Retomo la idea de que escribimos para pensar sobre aquello en lo que queremos pensar. Escribir se convierte, así, en un puente entre nuestras inquietudes y la claridad que buscamos.

Un ritual para incorporar

Ya hemos analizado la importancia de los hábitos y los rituales en la vida de las personas. Y, sin lugar a dudas, la escritura forma parte de este camino de autoconocimiento y conexión.

En principio te propongo soltar: permitirte el vacío para llenarlo con escritura. Siempre será una experiencia que transformará tu manera de pensar y de percibir el mundo. La escritura se elige o se expande según cada ser. Todos necesitamos ser escuchados, y tenemos una historia que contar.

A pesar de las diferencias, todos los géneros comparten una voz narrativa que construye un mundo. En ese mundo ocurre una situación, un conflicto indispensable para la existencia del relato. Si te decides, escribe. Pon las manos en la masa. Busca un método que funcione para ti. Encuentra principios que respalden tu escritura. Y, sobre todo, trabaja en crear un hábito que te permita escribir. Y convierte ese hábito en un ritual en tu vida, como yo lo he hecho. Escribe con rutina y horarios. Marca ritmos y convierte la escritura en un entrenamiento. Así comenzarás a encontrar aire, claridad y alivio.

Recuerda que existen relatos, conflictos y narraciones para cada uno de nosotros. Tu actitud de agradecimiento y gracia te hará pleno y te permitirá compartir tu voz. El magnetismo de la escritura permite, simplemente, ser.

Formas narrativas

En este sentido, reflexionar sobre las formas narrativas que conectan con cada época me lleva a pensar en las historias que me marcaron en la infancia. Y vuelvo a la experiencia de la lectura, por ejemplo, las fábulas –como "La zorra y las uvas", de Esopo– y las parábolas –como "El buen pastor", del Nuevo Testamento– se destacaban por su intención educativa. Por otro lado, una historia maravillosa, como *La bella y la bestia*, contrasta con la realista, como *Los cuentos de Canterbury*. Mientras la narrativa realista refleja una realidad reconocible, ligada a la experiencia de la vida, la maravillosa se nutre de elementos y situaciones sobrenaturales: proyecciones humanas que compensan nuestra dependencia de la naturaleza y los poderes que nos oprimen. Estas historias, junto con los relatos de humor, han sido una constante en mi vida, y me han acompañado y me han dejado huellas profundas.

La novela es un género con raíces en la Antigüedad, pero que toma forma en la Modernidad. Refleja la contemporaneidad a través de obras clave: en los siglos XVI y XVII, *El ingenioso hidalgo Don Quijote de la Mancha*, de Cervantes; en el siglo XIX, *Madame Bovary*, de Flaubert, y *Guerra y paz*, de Tolstói; y en el siglo XX, novelas como *Yo, el Supremo*, de Augusto Roa Bastos, *Los ríos profundos*, de José María Arguedas, y *Ulises*, de James Joyce.

Siempre me ha fascinado la literatura fantástica, a menudo vinculada al terror, que desafía las certezas de la razón, como en "El sur", de Jorge Luis Borges. También me ha cautivado la literatura policial, que explora fenómenos urbanos asociados a la circulación del dinero y la pérdida de valores comunitarios, como en *El largo adiós*, de Raymond Chandler.

Deja que tu alma sea tu guía. Descubre cuál es tu voz para escribir y contar. Invita a tu lector a sumergirse en tu mundo. Escribe sobre lo que deseas pensar, y tu voz emergerá.

La pureza de la escritura

Pienso en la voz que he elegido para narrar este ensayo y siento que he pedido pureza para mi mente e inspiración para mi corazón, con el fin de llegar cerca de ti, apelando a tu experiencia.

He pedido luz para mis ojos. He pedido luz en mi corazón.

He pedido que mis palabras ayuden y curen las enfermedades del alma, y que reflejen el arte de conocer y amar.

He atestiguado aquí mis pensamientos de amor y sinceridad. Mi escucha ha girado en torno al amor. También he tratado de contar todo desde un corazón puro y sincero.

Lo que me ha sucedido proviene de una vida dedicada a buscar la paz y ofrecer mi tiempo para construir una mirada del mundo más sana y compasiva. He aprendido que, día tras día, me enfrento a la hoja en blanco: a veces con ingenuidad y candidez, otras, con desconfianza y sin defensas. Sin embargo, escribir no consiste en expresar ni reproducir lo que ya se sabe, sino en reflexionar sobre lo que se cree saber o lo que se desea descubrir.

Estoy muy agradecida por lo vivido hasta ahora, por cómo he metido las manos en la masa de la vida y todo lo que esas experiencias han significado. Y como las semillas: algunas florecieron y otras se desvanecieron. En este camino de la vida no hay perfección, solo magnetismo. Lo que he vivido, en el plano físico, afectivo e ideológico, me ha llevado a apreciar la existencia con mayor profundidad y a considerar la escritura como mi verdadero camino.

Recuerda que la escritura es un proceso que permite la resolución de problemas, es una herramienta que clarifica la percepción y el discernimiento. Es un espacio en el que, como escritor, puedes tomar decisiones con objetivos claros. En ese proceso, descubres que siempre hay todo para todos.

Un puente hacia el universo

La abundancia es la esencia del universo, y vinimos a este mundo a contar historias. Es fundamental discernir y confiar en el proceso. Escribir te da la fortaleza que necesitas para que tu fe no se debilite ni se eclipse.

Cuando te dispongas a escribir, pide entendimiento para que tu voz pueda crecer. Trabaja en mejorar y en reconciliarte con tus errores y virtudes. Pide misericordia para ti mismo. Pide también al universo un corazón pleno, capaz de alejarse de las llamas del deseo, y una mente libre de las olas del egoísmo. Pide ojos para reconocer la gloria de quién eres. Trabaja para que los obstáculos que surjan sean trampolines, y que una mente clara sepa cómo aprovecharlos. Vive en la gracia de habitar este mundo, enfocando tu pensamiento, tu corazón y tu trabajo para mantenerte conectado contigo mismo y con el universo.

El milagro de escribir es que todos estamos invitados a esta fiesta de alegría. Entreguémonos entonces al proceso, ejerzamos la escritura para reflexionar y descubrir lo que pensamos sobre aquello que elegimos escribir. Y te aseguro que esta fuerza superior que te ayuda y te acompaña a escribir y reflexionar transforma de manera muy potente tu modo de percibir; y siempre estará presente porque los relatos narran acciones humanas; no juzgan ni argumentan, solo cuentan.

Aunque estoy en un proceso constante, reconozco que en mi caso fueron el camino de la lectura, la experiencia de dar vida y ser madre, así como la formación de abogada, los estudios en filosofía, la licenciatura en arte, la fundación para dar voz a los niños en el arte, la práctica de los negocios y el estudio de las finanzas los que me han traído hasta aquí. Por esa misma razón, también sé que todavía hay muchos caminos por recorrer.

Mi mundo, la razón de mi existencia, se basa en la búsqueda de un pensamiento que construya y me ayude a servir, y está relacionado con la filantropía, especialmente dedicada a los niños. Un cóctel que le da forma a mi vida.

Herramientas para una escritura auténtica

A continuación compartiré contigo algunas herramientas que me han sido muy útiles en el proceso personal de escribir. Estoy segura de que también te servirán.

Cuando cuentes una historia, hazlo como si se la narraras a alguien que conoces. Imagina a quién se la estás contando, sitúalo en una escenografía, dale un tiempo, un lugar y un contexto relevante.

Utiliza verbos activos, consulta el diccionario y escribe frases cortas. Evita los polisílabos, los términos técnicos, la hiperintelectualización y cualquier exceso innecesario. Trabaja con dos o tres ideas, yuxtaponlas y hazlas chocar; de ese encuentro emergerá algo nuevo.

Elige un detalle que brille, un momento cotidiano, y conviértelo en algo extraordinario. Transforma lo ordinario en algo único. Pasa esta "antorcha encendida" a tus lectores: toma esta idea de imán, aplícala y compártela.

Abraza la vulnerabilidad. Permítete compartir tus emociones en tus relatos. En este sentido, te sugiero leer *¡Qué emoción! ¿Qué emoción?*, obra en la que Georges Didi-Hubermann plantea preguntas esenciales para el proceso creativo. Permite que la intuición, la alegría, la tristeza, la nostalgia y la confusión fluyan con libertad.

Te invito a que conectes con tus memorias sensoriales; que descubras con cuáles de tus sentidos estás más vinculado. Los recuerdos, dicen, están muy arraigados en los cinco sentidos. Usa lo que llevas dentro: tú eres clave en tu propia historia.

Desapégate y desaprende. Deja que tu relato fluya, ponlo en el papel y sal de él rápidamente, dejando a tus lectores con ganas de más. Como decía John Ford: "Puedes hablar bien si eres capaz de expresar el mensaje que llevas en tu corazón".

Antes de escribir, limpia tu corazón de culpa y emociones embotadas. En un mundo lleno de soledad, aislamiento y confusión, nuestro radar interno puede estar desajustado. Conéctate con la naturaleza: es notable que cuando llega la primavera, los árboles muestran sus brotes, recordándonos que no somos extraños para nosotros mismos.

Observa los pequeños detalles: escribir surge de mirar lo diminuto. Al enfocarnos en lo sutil, nos llenamos de ser. La culpa se desvanece, y la escritura se convierte en un espacio de catarsis y transformación.

Una experiencia de libertad y abundancia

Escribir es un proceso de monólogo interior y de liberación. Atrévete. A veces olvidamos que somos seres divinos viviendo una experiencia humana, rodeados de ilusiones, pero también de abundancia. Te aseguro que cuanto más dispuesto estés a escribir, y mientras más agradecido con las pequeñas cosas de la vida estés, vendrán regalos más grandes. Esas bendiciones emergerán de fuentes inesperadas y te conmoverán profundamente. Porque escribir es un regalo que te haces a ti mismo, una forma de libertad. Los relatos que contamos son una magnífica muestra de cómo convertir lo cotidiano en extraordinario.

La literatura ofrece una forma de entender muchos fenómenos de la vida. Aunque a veces queremos vivir en una ilusión, la realidad nos introduce en lo que en verdad es. Por ejemplo, cuando te distancias en una amistad, el problema personal puede parecer una ilusión referencial. Pero los vínculos son de a dos, y comprender esto te permite liberar la culpa y asumir la responsabilidad compartida.

Entiendo la escritura como un fenómeno de lectura interior, un acto de aventurarse e incluso de temer. Escribir es saber y no saber al mismo tiempo, porque nunca tienes certeza de hacia dónde te llevará, un recorrido con un fin incierto. Es un ejercicio a veces improvisado que puede conducirte a abismos inciertos, pero también hacia descubrimientos profundos.

La escritura también es una posibilidad de purificación, ya que te permite elaborar la vida, sobre todo cuando esta te ha dejado marcas profundas. Escribir te ayuda a reacomodarte en la luz que eres.

Las historias narradas nos proporcionan contexto para comprender mejor la vida. Son un tránsito que despierta la conciencia, una forma de ver la intensidad de un momento, la clave en una etapa, o los cambios que trae la humanidad, como aquellos generados por la era digital.

Escribe más allá del reproche y de la crítica. No busques fallas en los otros, eso te dará una gran paz. La paz es poder, y ese poder es tuyo. Te propongo que te acerques a lo que escribes con amor. Pon el mundo que amas en primer lugar. En tus relaciones personales, busca la amabilidad y escribe sobre tus diálogos desde el amor y la verdad. Y siempre conquista tus pasiones, cruza el río con valentía y ve más allá de los fragmentos que escribas. Atrévete a soltar las cadenas que te atan, esas que tú mismo has puesto.

Te propongo que busques en tu interior la respuesta a la siguiente pregunta: ¿Quieres ser libre de las cadenas del miedo? Para lograrlo, debes ir más allá de lo que te gusta y lo que te disgusta.

Recuerda:

El sol brilla en el día, la luna brilla en la noche. Hay luna y sol para todos.

El guerrero brilla tanto en la batalla como en la meditación.

Deja que el día y la noche te inspiren. Brilla irradiando a todos, sin distinción, como lo hace la naturaleza misma.

Alguien con la mente serena posee un corazón puro. Escribe desde allí. Hay personas que nunca se enojan ni causan dolores a otros. Quien no causa sufrimiento no sufre ni es atacado. Reconozco que podría escribir un libro sobre esto, porque mi desconexión y bajo umbral me han llevado por caminos de sufrimiento, tanto propio como ajeno. Hoy pido perdón a quienes he hecho sufrir en mis vínculos.

La escritura, al igual que la lectura, es un camino para sanar. Pero para ello, es necesario profundizar y ser coherente con tu ser. La propuesta de *Imán* es que te liberes de los deseos egoístas y de las limitaciones que te atan al miedo y al dolor. Deja que estos se transformen y, al hacerlo, aliviarás la carga que llevas.

La lectura como bálsamo

En mi experiencia, la escritura comenzó con la lectura. Fue como un regalo inesperado que, al principio, no supe aceptar del todo. Pero hoy estoy agradecida por los mundos que me abrió. Recuerdo la biblioteca en mi cuarto, el acolchado con payasos y arlequines, y cómo todo se ponía en sintonía con las aventuras de mis libros. Agradezco los vuelos que me dieron Agatha Christie y el Sr. Poirot, desde el Nilo hasta lo onírico. También agradezco a Chéjov, que llegó temprano a mi vida con "La obra de arte".

Ese néctar que me ofrecieron los libros era como la miel que llena de perfume las flores y da belleza a las abejas. Y aún hoy, cada libro que leí sigue siendo un regalo. Como te conté al comienzo del capítulo, en la niñez la lectura era para mí un refugio, un bálsamo. En los libros encontraba reflejos de mis circunstancias y rasgos de quienes me rodeaban. Los personajes eran espejos, y en ellos me encontraba y encontraba a mi tribu. Recuerdo cómo viajaba por el mundo con los protagonistas. Me ilusionaban los relatos de Scheherezade y Shahriar en *Las mil y una noches*. Admiraba el espíritu libre de Sissi Emperatriz, su educación, sus viajes y su entusiasmo por Shakespeare.

Leer encendía una antorcha en mi ser, un fuego que transformaba todo. La lectura avivaba mi imaginación y llenaba mi vida de aire fresco. Entrenando la mente y los sentidos con los libros, comprendí que la lectura no solo nos ilumina, sino que nos prepara para hacer de nuestra vida algo grandioso. Porque cuando lees, desarrollas tu imaginación y construyes un mundo que funciona para ti.

Siento que muchas personas viven como dormidas, pero leer tiene el poder de despertarnos. Haz de la lectura un imán y sumérgete en la proliferación de páginas, blogs y portales dedicados a la poesía y a los poetas. Allí descubrirás un submundo lleno de magia.

Me enamoré del haiku, o *haikai*, esa breve forma poética japonesa que, a través de imágenes sensoriales concisas, expresa los sentimientos del yo lírico ante la belleza de la naturaleza.

Sin título ni rima, el haiku privilegia los sustantivos sobre otras palabras, destilando en su simplicidad una profundidad que toca el alma.

Según el género y la corriente estética que elijas, encontrarás resonancias más o menos cercanas a tu sensibilidad. Examina minuciosamente las lecturas, escudriña cada palabra, y descubrirás un camino para sanar el alma, desarrollar la imaginación y gestar nuevas realidades. De ahí surgirán las palabras para escribir.

A propósito de la poesía, mucho se ha dicho sobre la escasa lectura de este género. Muchos afirman que "los poetas se leen entre ellos" y que el público lector de poesía es limitado.

Podríamos decir que la poesía es un género poco frecuentado. Sin embargo, desde pequeña leí poesía, memorizaba poemas y he sido una romántica. Este género, que tiene más de tres mil años, ha estado ligado a mi vida como una forma de captar y experimentar el mundo.

La poesía ofrece una posibilidad única: pensar en las experiencias humanas registradas y observadas desde un ángulo personalísimo y nuevo. Si te permites hacerlo, la escritura poética puede convertirse en un motivo íntimo y transformador.

Reflexiones sobre el proceso creativo

Cuando reflexiono sobre la escritura, pienso que escribir implica aceptar el reto de crear, de preparar una trama, de decidir sobre qué escribir. La escritura requiere hábitos y rituales que solo pueden nacer de una introspección sincera y profunda. Esta es la propuesta de *Imán*.

El primer paso es preguntarte: ¿de qué quiero hablar?, ¿qué camino quiero seguir en este proceso creativo? Encontrar un método y un hábito a seguir es esencial. Pero lo más importante es hablar desde el corazón. Cuando lo hagas, sentirás que toda manifestación artística está ligada a los sentimientos del autor. Un cuadro, por más bello que sea, no puede separarse de las motivaciones y emociones del pintor. De lo contrario, aunque técnicamente impecable, la obra estará vacía de significado.

El estilo personal de un escritor es su marca, su huella. Lo que más valoro de los autores es que, al leer un fragmento de cualquiera de sus obras, pueda reconocerlos en cuestión de segundos. El estilo es el último bastión al que renuncia un artista; es su seña innegociable.

En mi caso, el punto de inflexión fue cuando leí *After Dark* de Haruki Murakami. Una verdadera revelación. En ese momento entendí que mi naturaleza era representar palabras, ideas y signos en el papel o en cualquier superficie.

Me gusta ejemplificarlo con el propio Murakami, quien descubrió su destino como escritor durante un partido de béisbol. Estaba en un prado, observando el partido en vivo desde lejos, cuando la pelota salió del campo y casi lo golpea. Ese instante fue su punto de inflexión, un momento de no retorno. Una revelación.

Entonces Murakami descubre que quiere ser libre y escribe *Escucha la canción del viento*, obra que le otorgó el premio a mejor escritor novel de Japón. En este primer libro, encontramos un monólogo interior que emerge desde lo más profundo de su ser. Este hito marcó un antes y un después en su carrera, al entender que el lector se interesa por historias narradas de manera directa, sin rodeos innecesarios. Me identifico mucho con su particular forma de observar el mundo.

Murakami se convirtió en un escritor metódico, un verdadero artesano del oficio. Su rutina es un ejemplo de disciplina: se levanta temprano, sale a correr, hace ejercicio, dedica las mañanas a escribir y el resto del día lo utiliza para descansar y encontrar inspiración en las historias que lo rodean.

Su capacidad para alternar relatos breves con novelas extensas, respetando siempre la necesidad de dejar reposar las obras ya escritas durante meses, es admirable. Ese descanso permite que sus textos "maceren", y encuentren su sitio, como un plato cuya preparación culinaria combina sabores, olores y colores hasta convertirse en un banquete para el cuerpo y el alma.

La escritura como descubrimiento

Escribir implica revisiones y correcciones que pueden ser tediosas, pero la constancia es la herramienta esencial de todo escritor. De este proceso extraemos una reflexión clave: ¿de dónde surgen las ideas de un escritor? Básicamente, de un ejercicio profundo de autoconocimiento. De narrar lo cotidiano con un estilo único y personal, manteniendo siempre la sencillez como premisa. Esa sencillez otorga atemporalidad, permitiendo que las obras conecten con lectores de cualquier edad y época.

La escritura, entonces, es un espacio donde los sueños y la realidad convergen, aunque a veces parezca imposible distinguirlos. Es un acto que conecta diferentes niveles y aspectos, y que refleja los sentimientos del autor. El estilo, si es marcado y reconocible, otorga carácter y profundidad a la obra.

Si deseas escribir, busca tu estilo. Es el camino hacia tu identidad, algo irrenunciable. Sé flexible. No te tomes nada personalmente. Sal de la zona de confort. Aprende a reírte de ti mismo y de la vida. Descubre lo que te hace bien, ríe mucho, vive con intensidad y encuentra en el sainete un aliado frente a la tragedia. Escríbelo. Hazlo con colores, respira suave mientras respondes al mundo. Recuerda que "amores son amores y no buenas razones". Te invito a que manejes tus emociones con calma y sanidad, buscando una actitud que te permita ser consecuente contigo mismo.

La risa como esencia de la escritura

Cuando pienso en la risa, pienso en mi hermana Mariana y en su sonrisa. Pienso en elegir siempre el sainete por encima de la tragedia. Pienso en Groucho Marx y en cómo la risa disuelve las preocupaciones, calma la ira y libera endorfinas que nos rejuvenecen. La risa, al escribir, es la distancia más corta entre dos personas.

Reírnos de lo que nos sucede nos fortalece, libera de la negatividad y, a veces, conduce a sanaciones milagrosas. Creo, por encima de todo, que la risa es la medicina más efectiva para el dolor. Cuando elegimos reír, enviamos al universo un mensaje claro: estamos bien.

El humor no es una cosa de risa.

El humor es algo muy serio. El humor acostumbra a la mente a ver las cosas de distintos modos y a explorar diversas posibilidades. A nuestro cerebro le gusta la certeza. La percepción busca la certeza y, en cuanto la encontramos, nos encerramos en ella con rigidez, arrogancia y pasión.

El humor se basa en la posibilidad de ver las cosas de un modo distinto, en cambiar la percepción. Cuando usamos el humor cambiamos las percepciones y, de pronto, comprobamos que la nueva apreciación tiene algo de sentido lógico. El humor es un lubricante fundamental de la vida. El humor es un pegamento social. El humor es el mejor dispositivo contra la arrogancia. El humor podría ser lo que distingue a los humanos de otras criaturas. ¿Por qué se lo ignora, entonces?

Tanto cuando proporcionamos a los demás de qué reírse como cuando nos reímos de lo que nos ofrecen los demás, participamos en un acto de generosidad. Interactuamos mediante un método que no resulta amenazante ni exigente.

El humor es una actitud, no solo tener gracia para contar chistes. Si algún día te insultan y tú encoges los hombros y no sientes que te están insultando, entonces no te insultan. El humor es un modo de cortar las cuerdas de marionetas que a veces nos convierten en rehenes del mundo que nos rodea.

Anónimo

De la pérdida a la esperanza

Cuando Mariana, mi hermana, dejó este mundo físico, me costó tiempo recobrar mi templanza. Su ausencia dejó rastros profundos en mí. Fue mi maestra espiritual quien me ayudó a volver a conectar con la tierra. Me pidió que la pisara descalza, que sintiera mi lugar entre el cielo y la tierra, y que entendiera que podía crear un paraíso aquí, en este mundo. Así, poco a poco, fui recuperando mi sobriedad.

Mi maestra, médica antroposófica, me habló de la esperanza y de vivir con ella como guía. Sus palabras fueron alentadoras y me impulsaron a escribir. Me transmitió algo fundamental: cuando sintiera que me alejaba de la vida o recaía en la tristeza, entregara mis emociones a un poder superior y volviera a la escritura. Porque escribir, me dijo, sana. Y aunque me consideraba una persona espiritual, sus enseñanzas me hicieron entender la verdadera entrega. Escribir se convirtió en un acto de fe y transformación, en un modo de plasmar historias y liberar el alma.

Al principio, fingí que creía, pero poco a poco las meditaciones diarias transformaron mi vida. Comencé con sesiones de veinte minutos, una vez al día, para luego pasar a dos. Al principio, mi mente divagaba, pero con el tiempo aprendí a entregarme. Esa entrega fortaleció mi espíritu, y con cada meditación llegó una sonrisa.

Estos son los pasos que me guiaron y que recomiendo:

- Entrenar la mente.
- Entrenar el cuerpo.
- Entrenar el espíritu.

Y, sobre todo, aprender a reír.

Tengamos en cuenta que cuando escribimos, usamos máscaras. Observa las tuyas con detenimiento: reconoce las que necesitas, descarta las que te oprimen y evita aquellas que alimentan la culpa interior. El verdadero desafío está en alcanzar un acuerdo contigo mismo/a, en superar los obstáculos internos y decirte que sí.

Amarte y comprenderte sin condiciones es la clave. Cuando escribes desde ese lugar de autenticidad, te liberas de las máscaras que te oprimen y encuentras tu gracia. La escritura se convierte en un modo de vivir, un acto de amor hacia el mundo que, al plasmarse en palabras, puede iluminar el camino de otros.

Un acto espiritual

Aceptar la vida no es resignarse. Y la escritura nos permite eternizar momentos, capturar instantes que trascienden el tiempo. No intentes escribir un libro; simplemente plasma tus ideas. Cuando corrijas tus textos, hazlo desde tu ser espiritual, desde ese lugar donde las máscaras ya no pesan y la esperanza guía cada palabra.

Escribir no solo transforma; también libera. Es una antorcha que pasa de mano en mano, iluminando caminos y mostrando que, al final del día, siempre podemos reír y vivir con más ligereza.

Corregir es una empresa espiritual de rectificación de uno mismo, decía Paul Valéry. De hecho, el cambio constructivo empieza cuando aceptamos la realidad, independientemente de lo penosa que sea, y no cuando perdemos el tiempo y la energía oponiéndonos a ella.

Renuncia a querer gustarle a los demás. Y escribe un diario, un libro de notas, un relato o lo que quieras, pero escribe. Habrá palabras que te gustarán y otras que no.

La forma de ver el mundo, cómo construyes tu escritura, reflejará cómo te construyes a ti mismo. Dicen que la literatura se gesta en la falta de comunicación o en la no comunicación. Alguien que escribe muchas veces no puede expresar lo que siente. Es quizás una mirada de asombro lo que lo lleva a escribir.

A veces, no es necesario un método, quizás sea la falta de método lo que te permita esbozar tus primeros escritos. A veces nos resistimos al dolor y a la vida, y empezamos a sufrir. Así no atraemos la gracia que hay en nosotros. Si, en cambio, le damos razón a la vida, dejamos de sufrir y comenzamos a escribir. Te propongo que la hagas viva a tu escritura. Estamos en el presente. Escribe. No hay nada más importante. La plenitud de la vida es ahora mismo.

Si apuestas a la utopía y luchas por un mundo mejor, ello ganará terreno en cada una de las esferas de tu vida. Concéntrate en enfrentarte a tu material, a lo que tienes para contar, y te aseguro que será duradero. Acepta lo que pasa. La idea es entregarte a la conexión de la escritura con la vida mientras decimos sí a las situaciones que pasan, algunas maravillosas, otras gloriosas, otras gozosas, otras indescriptibles, y otras dolorosas. Deja que lo efímero pase. Permanece en lo duradero. Aprecia el valor de lo efímero y aprecia el valor y la naturaleza temporal de cada experiencia.

La hoja en blanco será tu ruta de expresión. Aceptar la vida es decir sí al pasado, renunciando a resentimientos y agravios persistentes. Decir sí al presente y al futuro dejando atrás miedos innecesarios. Cambia el temor por confianza. Hazle lugar a tus personajes, que hablarán por ti. Los escritores son personas que se esconden un poco de sí mismos, a veces son tímidos o cohibidos.

El método de ser positivo al escribir requiere de un pensamiento positivo, de una charla contigo mismo. Lo mejor sería prepararte unos días previos, y si no dispones de ese tiempo, escribe cuando sientas que estás preparado.

Cuando estás con otras personas, será interesante que tomes en cuenta que podrán ser parte de tu escritura, y verás que puedes manifestar los sentimientos que ellos te transmiten con palabras triviales. Es igual que la preparación de un deportista. Lo más importante resultaría más simple si obtenemos un sí con nosotros mismos. Como si tú fueras un deportista profesional y hubieras entrenado en forma consciente para dar lo mejor en la carrera.

Alcanzar el "Sí, puedo" y escribir con uno mismo es una práctica diaria, y no algo para aplicar en momentos especiales. Todos los días tenemos muchas oportunidades de oír nuestras necesidades pendientes, hacernos responsables de poder satisfacerlas y cambiar nuestra actitud de "Unos ganan y otros pierden" a "Todos ganamos".

Un lugar en tu vida

Cuando escribimos, las palabras cuentan, y las innecesarias pueden oscurecer el texto. Antes de desarrollar un estilo, es fundamental aprender a escribir y conocerse a uno mismo. Puedes escribir sobre cualquier cosa; si puedes, busca inspiración fuera de ti. Al escribir, inevitablemente tomarás palabras prestadas, aquellas que usan otras personas. Tu artesano interior, el que construye este oficio de escribir dentro de ti, te llevará por caminos diversos: cosas inventadas, recuerdos de tu vida o elementos de tu imaginación, memoria o fantasías.

Escribir es un oficio. Y, en mi caso, creo que lo practicaré hasta el día de mi muerte. Al principio, todos escribimos de manera torpe, nos afanamos por contar y, a veces, salen cosas descabelladas. No hay que asustarse: de eso se trata. Si te preguntas qué lugar ocupará tu escritura, te cuento que esa respuesta no es sencilla. Tampoco lo es definir el rol del que escribe, del escritor, sobre todo si decides publicar un libro. Un libro es también un bien de consumo, y al venderlo te conviertes en un productor. Pero si haces esto desde el corazón, atraerás tu gracia. Darás sentido a tu escritura, y ella dará sentido a tu arte.

El arte de escribir es una herramienta de gran peso para el ser humano. En este camino, escribir puede ser una posibilidad para dar sentido a tu vida. Estamos atravesando una crisis de sentido, y escribir ayudará a atraer la gracia al escritor que escribe. Porque un escritor es alguien que establece su lugar en un no lugar, ese espacio que llamamos utopía.

Capítulo 4
Superación del ego

Ya recorrimos juntos una buena parte del camino, poniendo énfasis en la importancia de volver a los rituales y cultivarlos. También hemos aprendido acerca de la sutileza de los alimentos, en todo sentido, con lo que nutrimos nuestro cuerpo y nuestro espíritu. Trabajamos sobre el valor de la práctica de la escritura en la vida. A continuación te propongo navegar en las aguas del desapego, paso indispensable en el proceso de desarrollo personal.

Todos los problemas de los seres humanos provienen del apego. Por ello, para determinar tus hábitos y tu hábitat, es necesario detenerte y observarte, en el instante de reflexionar sobre cómo se encuentra tu ego y cuánto apego hay en ti. Es fundamental hacerlo durante un cierto período de tiempo y revisar nuestros primeros años de vida. Podrás distinguir momentos clave: cómo eras, de qué te alimentabas y cómo era tu hábitat.

- Si pudieras bucear dentro de tus emociones, ¿qué elegirías experimentar: paz o conflicto?
- Si pudieras bucear en tus pensamientos, ¿elegirías los de amor o los de temor?
- Si pudieras bucear en tus deseos, ¿qué elegirías: buscar amor o enfocarte en las faltas?
- Si pudieras bucear en tu ser, ¿qué preferirías ser: buscador de amor o dador de amor?

- ¿Has notado cómo es tu comunicación (verbal o no verbal)? ¿Es amorosa hacia otras personas y hacia ti mismo?
- ¿Cómo eran y cómo son tus emociones y conductas? Recuerda que la emoción es neutra, solo es una señal que transmite algo a tu mente, como un sobre con una carta. Escúchala y pregúntate: "¿Esta emoción, de qué me habla? ¿Qué me quiere decir?".

Sobre necesidades y autoevaluación

Ver la emoción como una necesidad puede ayudarte. Cuando tus emociones son displacenteras, suelen indicar que hay necesidades que deben ser satisfechas. Entonces, pregúntate:
- ¿Qué estoy necesitando?
- ¿Cuáles son mis estímulos, procesamientos y respuestas?

Además, reflexiona sobre tu capacidad de autoevaluación:
- ¿Te evalúas y te entiendes? ¿Eres flexible?
- ¿Puedes autoevaluarte y comprenderte?
- ¿Qué te dices a ti mismo? ¿Cómo es tu diálogo interno?

Las emociones y la percepción

Si partimos de la base de que las emociones las siente mi niño interior y las regula mi adulto interior, es fundamental preguntarnos cómo atravesamos ese tamiz y en qué proporción encauzamos nuestras emociones, que son como el caudal de un río enorme.

¿Te has preguntado cuáles son los lentes a través de los cuales observas tu realidad? ¿Adviertes de qué manera estos distorsionan tu percepción? Es fundamental identificar tu manera de procesar lo que percibes, ya sea que te ubicas en una posición optimista o una pesimista, y luego hacerte cargo de tus creencias y reacciones. ¿Hasta dónde puedes y hasta dónde quieres llegar?

Una profunda reflexión sobre tus mandatos, tus creencias y paradigmas te permitirá entender cómo influyen en tu percepción de la realidad. Esencialmente la idea es que puedas reconocer los momentos en los que comenzaste a ejercer tu "YO SOY".

Muchas veces, solemos modelarnos según las costumbres, los hábitos y las formas de quienes nos rodean. A lo largo de estas páginas ya hemos comprobado que la alimentación emocional que proviene de tus vínculos es relevante y determina muchas de tus elecciones. Entonces, presta atención a aquello que te movilizó en el pasado. Reflexiona sobre tus respuestas de búsqueda de alimento en la niñez, en la luz que había en ti, o en la oscuridad, y sobre los cambios que ocurrieron en tu adolescencia y cómo estos te llevaron a la adultez.

A lo largo de tu vida la temperatura de tus relaciones personales e interpersonales moldeó tu "YO SOY". Un análisis profundo de quién eres surge de allí, de los contrastes que has vivido durante años y de tus estrategias para enfrentar las influencias que recibiste. Completar este camino requiere paciencia, que será tu aliada para alcanzar tus metas de superación del ego.

Hacia la acción consciente

Sin embargo, el acceso a la autoexploración puede presentar restricciones o trabas. Es importante observar si estas provienen de ti mismo. Cuando realizas una investigación interna, entras en contacto con regulaciones autoimpuestas o impuestas por otros, que a veces son muy disímiles. Al aplicar en tu vida un protocolo de hábitos, puede surgir un "yo" fuerte que busca tener siempre la razón. Sin embargo, si quieres superarte, deja de querer tener razón y busca la paz.

Cuando analices tus propios manejos, verás a tu "yo" con claridad y podrás establecer pautas que te liberen del ego y de la necesidad de tener razón. Si logras liberarte de tus cargas y lastres emocionales, ocurrirá en ti como sucede con quienes se realizan: alcanzarás la libertad. Quienes se quedan con sus pesos se convierten en esclavos de sus deseos, pensamientos y necesidades.

No importa la fuente de tus miedos y temores. Aprende a ir ligero de equipaje. Fabio Morábito lo expresa de esta manera: "He escrito poesía como quien comprime lo esencial de sus pertenencias en una valija de poco peso, porque se marcha a un lugar que no conoce y no quiere cargar con un bulto voluminoso. Y me temo que tampoco esta vez se me tomaría en serio si afirmara que mi mayor influencia literaria no es tal o cual poeta insigne, sino la línea de maletas Samsonite".[5]

Si consideras esto, establece que la vida sea un proceso de logros y reafirmación de metas. Saca todo lo que te impida llegar. Inténtalo.

Cuando sientas que tienes algo que decir, aprende a ir al grano. Ilumínate y recibirás iluminación. Crearás desde tu interior una acción que hará de tu vida un lugar mejor. En todo este proceso que es mi vida aprendí a elegir los puntos claves y a restringir lo que me aleja de mi ser más íntimo y recrea en mi experiencia posibilidades distintas de expresión.

Te invito a que practiques actividades que te unan a otros, en las que debas respetar la otredad y superar tu "yo". En tu vida coti-

---

5. Fabio Morábito, *El idioma materno*, Buenos Aires: Gog & Magog Ediciones, 2020.

diana reconsidera tu posición ante las situaciones que se te plantean, observa los pequeños detalles, aquello que te hace único. Ese detalle resplandeciente de ti es donde debes hacer foco y conectar. Porque todo aquello que quieras puedes lograrlo. Si te conectas con tu esencia, esta se revelará por sí sola. Como las capas de una cebolla, irás descubriéndote al crecer y al ser consciente de lo que necesitas desprenderte.

Atrévete a ser vulnerable, a restablecer tus energías y tu autoconfianza. Muestra tu lado sensible. Se trata de saber lo que quieres, de reafirmar tus objetivos y no solo verlos, sino observarlos con detenimiento y profundidad. Nárrate a ti mismo tus experiencias y hallarás inspiración. Vivirás en el espacio y el tiempo, en el aquí y el ahora, conectando lo natural con lo espiritual que hay en ti.

La negociación contigo

Si analizaras tus procesos personales combinando estudios genéticos, morfológicos y de comportamiento, podrías clarificar tu "yo". Cuando te emocionas, te informas; tus pensamientos se revelan. Conciliar implica atreverte a aceptar los cambios.

Para reentrenar tu mente, observa cómo gestionas tu ego. Esto te ayudará a entender el estado de tu espíritu, el rumbo de tu vida y tu capacidad de liderazgo. La vida es una negociación constante contigo mismo para construir el futuro. Lo clave es aprender a hacer compensaciones: si logras expandir "el pastel" antes de repartirlo, obtendrás resultados inesperados. Ajusta tu estrategia al estilo de quienes te rodean y fomenta la cooperación. Al hacerlo, comprenderás los procesos psicológicos detrás de tus juicios, lo que te convertirá en un negociador más hábil y analítico.

Negociar contigo mismo es una habilidad esencial para conectarte, comunicarte y proyectar tu visión. Si la incorporas como práctica diaria, fortalecerás tu capacidad de liderazgo personal y con otros. Este proceso es clave para construir un futuro diferente, ya que el liderazgo implica interactuar con personas que buscan su propósito o ya lo han encontrado para resolver problemas.

Observa a tu alrededor y notarás a personas que aplican esto en su día a día. Mejora tu forma de relacionarte con ellas caminando con calma por los pasillos de la vida, tomándote el tiempo para conversar y conocerlas. Ser genuino implica saber pedir consejo y estar dispuesto a mejorar continuamente.

La mayoría de las personas sentimos el deseo de mejorar nuestras vidas, lo que a menudo significa ascender profesionalmente. Sin embargo, si solo buscas escalar en tu carrera, serás un líder posicional que compite por ser el "rey del monte" entre colegas y empleados. Es crucial dedicar tiempo a reflexionar sobre cómo tu liderazgo puede beneficiar a los demás y dejar una huella positiva en sus vidas.

Reflexiona primero sobre tus prioridades y enfócate en ellas, sin dejarte llevar por las de otros. Aunque es valioso hacer las cosas acompañado, es esencial que examines lo que te hace único, buscando con humildad y prestando atención a las señales que te guían. Amplía tus horizontes de pensamiento y, al ascender, observa cómo los demás manejan sus relaciones y reflexiona sobre las tuyas. Desarrolla tus capacidades según tus necesidades y evalúa tus decisiones diarias. Así surge tu liderazgo: desde tu ser.

En varias oportunidades me he cruzado con personas que se sienten limitadas por su incapacidad de interactuar de manera eficaz con los demás. Pueden sentir desconexión con quienes están por encima, por debajo o a su lado en jerarquías laborales, familiares o sociales. El secreto para trascender esto es establecer conexiones auténticas, conectando siempre con lo que nos hace bien, dirigiendo la atención a las propias actividades y al desarrollo interior. Si cultivas estas habilidades no solo te beneficiará a ti, sino que también fortalecerá las relaciones con quienes te rodean, permitiéndote liderar con empatía y propósito.

Dirigirnos a nosotros mismos: el desafío más grande

La persona más difícil de dirigir siempre es uno mismo. ¿Cuál ha sido tu desafío como líder? En mi caso, siempre ha sido un reto dirigirme a mí misma en diversos roles: como ser humano, como mujer, esposa, madre, profesional y líder. A lo largo de mi carrera, he cometido tanto aciertos como errores, y he enfrentado algunas crisis de liderazgo. Una de las más significativas ocurrió cuando, como líder joven, no entendía que la actividad no siempre se traduce en logros. Esto sucedió en mi primer trabajo en un estudio, donde sentía que no obtenía resultados.

Otra crisis significativa ocurrió en 1986, cuando me postulé como la primera mujer abogada en un reconocido estudio jurídico de Buenos Aires. Sentía que había logrado el éxito al ser aceptada como persona, mujer y profesional, pero también aprendí que alcanzar metas requiere cumplir objetivos, enfrentar pruebas, algunas desafiantes y otras inspiradoras. Este proceso me enseñó mucho sobre mi espíritu y cómo ciertas circunstancias me afectaban.

Te aseguro que la incertidumbre y los cambios personales que enfrenté en ese tiempo fueron muy sanadores. Sentirme escuchada y respetada fue fundamental. Logré enfocarme y, gracias a las personas que me rodeaban, mi visión se expandió y experimenté un crecimiento rápido. Mi pasión y energía aumentaron. Cuando, como líder, encuentras tu propósito, te enfocas y sigues una guía iluminadora.

Decidir por mí misma fue clave. La naturaleza humana nos permite evaluar a los demás, pero sobre todo a nosotros mismos, a través de nuestro espíritu. Si somos honestos, reconoceremos que la persona más difícil de dirigir somos nosotros mismos. Los demás no son responsables de nuestros logros o fracasos; aquellos que no alcanzan sus metas suelen descalificarse a sí mismos. Tú eres la respuesta: viajar, cambiar, afirmarte. Al soñar con tus necesidades más profundas, surge una lucha entre el miedo y el amor. Trabajar con estas fuerzas del ser nos lleva a buscar el amor y enfrentar el miedo.

Para fluir y vivir con amor propio, es esencial conocerse. Conocer nuestras raíces, el presente y hacia dónde queremos ir nos permite profundizar y respetarnos. Trabajar en nuestra humanidad es un desafío constante, pero también una oportunidad para transformar nuestro ser y encontrar el equilibrio entre deseos, sentimientos y necesidades.

Dirigirse bien a sí mismo es clave. Como dice Walt Kelly en su tira cómica *Pogo*: "Hemos hallado al enemigo, y somos nosotros mismos".

El niño interior y la conexión con el espíritu

Cuidar a nuestro niño interior con la claridad de saber que también es nuestro artista interior es clave para una vida plena. Él nos conecta con el espíritu y nos invita a reflexionar sobre nuestras relaciones con padres, hermanos, amigos y todos quienes nos rodean. Al regresar a ese niño, podemos evaluar nuestras acciones y construir una conexión más profunda con nuestro ser. Ser humano es estar en relación con los demás, y el amor, sin fronteras ni barreras, es lo que lo fundamenta todo y da sentido a la vida.

Busca y cuida a tu niño interior, ámalo tal como es hoy. Solo así le darás la paz que necesita para ser en este mundo. Su alma solo encontrará tranquilidad cuando respete y ame su cuerpo, tratándolo como un tesoro que lo guiará hacia su consagración como ser humano, espiritual y animal. Cuida tu cuerpo con cariño: cepíllalo a diario, como si quitaras el polvo de tu piel, y aplícale aceite: de coco en verano, de sésamo en invierno. Si está dormido, despiértalo con atención y cariño. Muévelo.

Rutinas y hábitos saludables

La verdadera vida radica en viajar, amar, conectarse con uno mismo y con los demás, hacer el amor, vivir plenamente y cuidar a quienes nos rodean. Ser dócil, flexible, simple, comprensivo, generoso, humilde y, sobre todo, ser uno mismo. Buscarse es conectarse con lo que somos: sentir el perfume de una flor, el aroma del cuerpo de otro, vivir en simplicidad y amor propio. Los sueños nos mueven, y al soñarlos, buscamos quiénes somos. Crea rituales que te conecten con tu ser, cultívalos. Participa en tu rutina diaria para fortalecer tu cuerpo y alma. Levántate y come a la misma hora, muévete de forma saludable y no hagas demasiadas cosas a la vez. Estas pequeñas acciones marcarán una gran diferencia en tu vida personal y profesional.

Para cultivar hábitos saludables, empieza despacio y mide los cambios graduales. Introduce frutas en tu dieta, luego añade verduras. Deja de quejarte y aprecia tu fortaleza cada día. Acepta tu soledad y usa el proceso para reinventarte. Aléjate de personas que no aportan energía positiva a tu vida, desconecta de la televisión y del internet un rato cada día. Elige una cualidad que te guste de ti mismo y dedícale tiempo y esfuerzo para desarrollarla.

Comprométete con tus objetivos y no mires atrás. Haz ejercicio, mejora tu estado de ánimo, aprende de tus fracasos y celebra los errores. Cambia tu mentalidad, mantén valores fuertes, cuida a quienes te rodean y sueña en grande. Vive con calma, modestia y paz, porque eso es la verdadera felicidad.

Recuerda esta fórmula:

- 1 % Suerte
- 1 % Talento
- 98 % Nunca te rindes

Esa es la fórmula del éxito: 100 % de dedicación para alcanzar tus metas.

El arte de la compasión

Odia menos. Ama más. Quéjate menos y baila más. Toma menos y da más. Consume menos y crea más. Frunce menos tu ceño y sonríe más. Habla menos y escucha más. Sé audaz. Trata más. Intenta más. Juzga menos y acepta más. Mira menos y haz más. Quéjate menos y aprecia más.

El elefante, el animal más importante en las escrituras indias, es un símbolo de sabiduría y fortaleza. Por ejemplo, en el Ramayana, este paquidermo es descrito como gentil y majestuoso. Si le ofreces un maní, lo toma sin lastimarte. Esto nos invita a aplicar esta característica en las personas: cuidar los sentimientos de los demás. En el cine, los elefantes volando evocan magia; en la guerra, eran sinónimo de majestuosidad y dignidad. Con su gruesa piel, siguen adelante incluso bajo el impacto de las flechas. Así debemos ser: resilientes y fuertes, como los elefantes.

De nada sirve idealizar: las personas no son ni perfectas, ni lindas ni divinas. Son personas. Seres humanos. Aprendamos del toque de Buda: vivir en la tierra mientras aspiramos a las estrellas. Cuando enfrentemos falta de educación o maltrato, esforcémonos por cambiarlo con paciencia y respeto. Si alguien es egoísta o insensible, mantengamos la calma y practiquemos la compasión. Aceptemos y aprendamos la lección que nos ofrece esa experiencia. Si nos gritan, callemos y dejemos que fluyan las palabras; ese silencio genera un espacio de paz.

Si en el trabajo, en casa o durante un viaje, alguien es rudo o maleducado, no te perturbes. Sé compasivo. Calla y entra en el silencio. Ejercita tu "elefante interno", desapégate y libérate. Es difícil, pero esa práctica te permitirá soltar. Reduce tu ego a cero. Reflexiona sobre mentes extraordinarias como la de Gandhi. La sabiduría y la fuerza están representadas en el elefante. Sé proactivo: menos es más. Trabaja con tu espíritu desde lo más profundo de tu ser, enriqueciéndote y andando más liviano de equipaje. No tomes los guantes que otros te lanzan para luchar. Aprende a modificarte desde adentro, con flexibilidad e inteligencia.

El cambio como oportunidad

El cambio implica soltar y trabajar con el entendimiento. Cuando las personas nos decepcionan, debemos aprender a soltarlas. Aceptemos que la vida no es una etapa final, sino un proceso constante de crecimiento. Trabajemos para valorar nuestro esfuerzo, recompensarnos y mantener la energía necesaria para girar la rueda de la vida.

Reflexionemos sobre nuestros sueños y enfoquémonos en crear un entorno saludable. En lugar de centrarnos en el "mí", debemos pensar en el "yo", que ocupa menos espacio mental y nos libera del ego y sus excesos: egolatría, egocentrismo y egoísmo. El deseo es natural, como lo señaló Spinoza, y aunque Aristóteles advertía que sin deseo seríamos fríos pensantes, debemos evitar caer en la obsesión.

Recuerda que los monstruos que creas en tu mente pierden fuerza cuando los enfrentas y aceptas.

Lo que eres se define por lo que te dices a ti mismo. Al dejar atrás pensamientos negativos, podrás alcanzar tus metas. Tu valor personal no depende de lo que muestras al mundo, sino de tu esencia. Si consumes en exceso, azúcares o calorías, estos se apoderarán de ti.

La mente a veces crea necesidades irracionales que nos desgastan. La pregunta esencial es: ¿Quién soy yo? Este es un ejercicio de coherencia entre lo que sientes, piensas y haces. Tienes la libertad de elegir actuar según lo que te beneficia, para ser el individuo pleno que eres. Piensa antes de actuar. Los grandes resultados requieren grandes ambiciones.

Pregúntate: ¿Cuáles son mis ambiciones? ¿Qué necesito realmente? La respuesta definirá tu camino.

El salto de conciencia

Cada persona debe reconocer su cuerpo como la medida de lo que necesita, al igual que el pie es la medida del zapato adecuado. Si sigues esa medida, mantener el equilibrio será sencillo, pero si la sobrepasas, podrías encontrarte en el borde de un precipicio. Al igual que con el calzado, si buscas más allá de lo necesario, pretenderás primero un zapato plateado, luego uno violeta y, al final, uno bordado. Cuando cruzas ese límite, ya no hay freno.

Aprender es apropiarse del proceso de conocimiento. Por eso, observa tu mente: cuanto más llena esté de información, más desconectado estarás de ti mismo. Dicen que en el cerebro hay tres identidades:

- la real (lo que eres)
- la ideal (lo que te gustaría ser) y
- la obligatoria (lo que crees que debes ser).

La que debe liderar es la identidad real (lo que eres) sobre las otras dos. Como dice el psicólogo Walter Riso en su obra *Desapegarse sin anestesia*: "Añorar la vida de lo que te hubiera gustado ser y hacer o asumirte sin evasivas".[6]

El gran salto de conciencia final es tuyo. Para encontrarte a ti mismo, busca tu pasión más profunda. Todos tenemos algo que nos hace decir "yo soy". En general, esto estaba bien definido en nuestra infancia o juventud, pero quizás se diluyó con el tiempo. Recupera esa espontaneidad y revisa tu historia: las experiencias que te hicieron sentir quién eres con más fuerza. Recuerda también qué cosas, personas, relaciones o trabajos te alejaron de ser tú mismo. Si es necesario, vuélvete anónimo. Anda por ahí haciendo lo que te gusta sin buscar compañía. Hazte chistes, ríete de ti mismo, compra algo que te haga sentir bien. Habita el silencio, ve a lugares desconocidos y disfruta de la soledad. Identifícate con tu ser en tus sueños.

Desactiva las etiquetas que cargas, no creas todo lo aprendido. Analiza con detenimiento, encuentra contradicciones y haz los cambios necesarios. Sé tú, aquí y ahora. Deja tus rótulos, sigue a tu corazón y encontrarás tu superación. Aparecerá tu yo real, el que realmente sabe quién eres.

Un hombre es rico en proporción a las cosas que puede dejar de poseer.

6.   Walter Riso, *Desapegarse sin anestesia*, Barcelona: Zenith, 2015.

Capítulo 5
Gratitud

Dentro de veinte años estarás más decepcionado
por las cosas que no hiciste que por las que hiciste.
Así que suelta amarras, abandona el puerto seguro,
atrapa los vientos en tus velas. Explora.
Sueña. Descubre.

Mark Twain

- ¿Das las gracias?
- ¿A quiénes sientes la necesidad de agradecer?
- ¿Sabes que la gratitud es una virtud?
- ¿De qué estás agradecido?
- ¿Te agradeces a ti mismo?
- Si no lo haces, ¿por qué no lo haces?
- ¿Cómo se practica la gratitud?
- ¿Qué sientes cuando alguien te da las gracias?

La importancia de la gratitud

La palabra 'gratitud' proviene del latín *gratitudo*, que se forma a partir de la raíz *gratus*, que significa 'agradable', y el sufijo *-tudo*, que denota cualidad. Es un sentimiento que no prescribe cuando la persona corresponde, ya que percibe el bien recibido como incuantificable, eterno o invaluable. Por ejemplo: "Siempre sentiré gratitud por la educación que me dieron mis padres".

En nuestra sociedad, la gratitud es vista como un valor fundamental, ya que está relacionada con otros principios como el reconocimiento, la reciprocidad, la fidelidad, la lealtad y la amistad. Todos estos aspectos pueden contribuir a la construcción del amor en su forma más amplia, siendo la gratitud clave para fortalecer las relaciones humanas.

La gratitud implica, en primer lugar, un intercambio recíproco de dar y recibir, con el fin de lograr una sociedad cooperativa y solidaria. Sus sinónimos incluyen agradecimiento, reconocimiento, correspondencia y devolución, mientras que sus antónimos son ingratitud, desagradecimiento y desconocimiento.

Si la gratitud es un valor social, se debe al hecho de que aporta grandes beneficios tanto para uno mismo como para la sociedad en su conjunto. Entre ellos podemos mencionar:

- Aumenta la sensación de bienestar tanto en quien la siente como en quien la recibe.
- Ayuda a disminuir el estrés, la depresión y la ansiedad.
- Favorece la calidad del sueño.
- Mejora las relaciones sociales al ser signo del reconocimiento del otro y su impacto positivo en nuestra vida.
- Refuerza la autoestima del otro y lo inspira a seguir siendo generoso o amable.

La práctica de la gratitud

Tienes el poder de transformarte y dar gracias por ello. Al practicar tus pensamientos y creaciones, estás ensayando el agradecimiento y preparándote para ser quien deseas ser. Es esencial reconocer lo que tienes para agradecer, lo cual implica mirar más allá de las emociones y creencias limitantes. A menudo no hemos reflexionado sobre nuestro lugar dentro de la vastedad del universo. Cuanto más escuchamos nuestra voz interior, más conectamos con lo que nos rodea y más razones encontramos para agradecer. Escuchar esa voz es un acto de gratitud por la vida. Como dice el refrán: "Si quieres recoger miel, no des patadas a la colmena". El gran secreto es agradecer.

Por lo general, todos los humanos compartimos recuerdos similares: algunos sencillos, otros más complejos. Cultivamos ideales de grandes hombres y grandes destinos. Cuando nos enfrentamos al futuro, parece que apenas intuimos hacia dónde vamos. Todo se siente fugaz y desconocido, y, al decidir afrontarlo con grandeza, solemos olvidar agradecer el camino recorrido hasta aquí.

¿Te has agradecido por ser quien eres hoy? A medida que cruzamos los rayos de sol y las sombras nocturnas y nos desplegamos como una vela al viento, a menudo olvidamos agradecer por todo lo que nos ha traído hasta aquí. Sin embargo, cuando surge el agradecimiento, todo cambia. Agradece tu destino, tu familia, el amor de tus padres, la fortaleza de tus abuelos y las historias que te forman. Reflexiona sobre los mundos grandes y pequeños que nos rodean, los lugares que nos sostienen. ¿Los has agradecido? Todo eso nos hace humanos. La forma en que enfrentamos el sufrimiento nos otorga fuerza y dignidad.

Agradecer allana el camino.

De nada sirve que pelees contra la vida. Amarla y agradecerla es fundamental, y requiere fortaleza interior. Aprender a mirarnos en nuestro interior también implica gratitud. No se trata de buscar el sufrimiento, pero si llega, enfréntalo y busca avanzar. Con el tiempo, descubrirás momentos positivos y esperanzadores que te impulsarán a seguir adelante.

Vivir en el presente

Atrévete a recorrer los momentos de la vida con gratitud y busca la alegría de vivir. A veces, cuando nos sentimos perdidos y sin futuro, buscamos refugio en el pasado para suavizar el presente, pero esto puede ser riesgoso. Te invito a vivir el hoy tal como venga, dejando atrás esa etapa. Aunque pueda ser difícil, al superarla, saldrás fortalecido. Muchos se pierden en el pasado y pierden el sentido de sus vidas. Si eso te ocurre, regresa al presente y agradécelo en su devenir. Vive el hoy con alegría, flexibilidad y soltura, como el bambú que se adapta a los cambios. La adversidad nos brinda la oportunidad de crecer espiritualmente, más allá de nosotros mismos, lo que constituye la grandeza humana, incluso frente al fracaso o la muerte.

Se dice que para saber entrar, primero hay que saber salir. Agradece esa oportunidad. En ocasiones, llegarás a un lugar de mayor tranquilidad que te ofrecerá paz. Aplacar la realidad puede ser útil, pero si lo haces a través de la irrealidad, dejas de tomar acciones positivas y pierdes valiosas oportunidades.

Agradece el presente. La vida te brinda experiencias, y depende de ti elegir el camino. Aunque las dificultades no sean fáciles de enfrentar, te permitirán probar tu fortaleza. Aprovecha cada obstáculo con gratitud.

Convertir las experiencias en autorrealizaciones del presente es esencial. Cuando sentimos que el desafío de autorrealizarnos ha pasado, dejamos de elegir la vida. Agradecer la transitoriedad nos permite reconocer que también hay una eternidad.

He descubierto que en los valores eternos reside la sabiduría, y ahí se encuentra la clave de la salvación en momentos difíciles. Guiarnos hacia la gratitud, aunque a veces implique recorrer caminos diversos, es una forma de hallar la libertad que buscamos. Esa gratitud se convierte en un sentimiento que nos acompaña a lo largo de toda la vida. Lo fundamental es reconocer que lo que ocurre es fugaz, y el secreto radica en apresarlo y agradecerlo. Aunque solemos intentar aferrarnos a lo que permanece, lo esencial es valorar lo que acontece.

Al callar y escuchar, el agradecimiento por el devenir se revela. Especialmente cuando entregamos nuestra vida al ser supremo, cualquiera sea nuestra creencia, nos permitimos ser y dejar ser. Y eso es lo que significa la gratitud hacia uno mismo.

Es importante tener claro que nadie tiene derecho a hacer el mal, incluso si ha experimentado sufrimiento debido a las acciones de otros. Superar las adversidades requiere un proceso de profundo autoconocimiento y conciencia de nuestra propia fortaleza. Si no puedes hacerlo por ti mismo, busca ayuda: un coach, psicólogos o terapeutas pueden ser de gran apoyo para avanzar sin perderte en el camino. Somos seres integrales y, cuando enfrentamos tensiones psicológicas, esa carga puede afectar nuestra salud física. Por eso, es crucial liberarnos de la negatividad y las acciones dañinas, tanto propias como ajenas.

Gratitud en el dar y recibir

Sueña con gratitud. Agradece el acto de soñar, de dar y recibir con plenitud. Acostúmbrate a dar y recibir paso a paso. Encuentra gratitud en amarte y amar. Reflexiona sobre el sentido de tu vida y, sobre todo, vívela con plena responsabilidad. Te aseguro que dar con plenitud nos ayuda a ser. Como dijo el gran poeta argentino, Oliverio Girondo: gratitud.

Gracias aroma
azul,
fogata
encelo.

Gracias pelo
caballo
mandarino.

Gracias pudor
turquesa
embrujo
vela,
llamarada
quietud
azar
delirio.

Gracias a los racimos
a la tarde,
a la sed
al fervor
a las arrugas,
al silencio
a los senos
a la noche,
a la danza
a la lumbre
a la espesura.
Muchas gracias al humo
a los microbios,
al despertar
al cuerno
a la belleza,
a la esponja

a la duda
a la semilla,
a la sangre
a los toros
a la siesta.

Gracias por la ebriedad,
por la vagancia,
por el aire
la piel
las alamedas,
por el absurdo de hoy
y de mañana,
desazón
avidez
calma
alegría,
nostalgia
desamor
ceniza
llanto.

Gracias a lo que nace,
a lo que muere,
a las uñas
las alas
las hormigas,
los reflejos
el viento
la rompiente,

el olvido
los granos
la locura.

Muchas gracias gusano.
Gracias huevo.
Gracias fango,
sonido.
Gracias piedra.
Muchas gracias por todo.
Muchas gracias.

Oliverio Girondo,
agradecido.

Reconocer y agradecer

Reconocer y agradecer nuestras fallas es un paso esencial hacia la sanación. A Dios, o a quien te guíe, le importa liberarte de tus errores. Eres humano, y perdonar y agradecer son pilares fundamentales para sanar a través de la flexibilidad y la reconciliación con uno mismo. Busca el perdón, la paz y el agradecimiento en tu vida, y valora la capacidad de dejar de juzgar, tanto a los demás como a ti mismo.

A veces eres fuerte; otras, débil. Agradece la paz que trae el perdón y la sanación. Agradece la oportunidad de recrear tu realidad, aceptarla y crecer en ella. Convierte tus buenas intenciones en acciones efectivas. Crece desde lo personal, sana y renueva tu ser.

Agradece la ilusión de la esperanza, la comprensión y la paz en la palabra. Reflexiona sobre la identidad y los temas que puedes agradecer en lo personal:

- Simplicidad
- Sencillez
- Respeto

Estos objetivos también son esenciales en el ámbito colectivo: aliarse, comprender y perdonar. La gratitud puede emerger incluso en momentos de soledad o de falta de conciliación con uno mismo.

A lo largo de mi recorrido he descubierto que mi salud interior proviene únicamente de mí misma. Al profundizar en nuestras intenciones, deseos, sueños y formas de pensar, comenzamos a comprender quiénes somos y dónde estamos. Amarnos es la clave y el comienzo del ser. Porque para poder existir con plenitud en el mundo y vincularnos con otros, debemos empezar por amarnos bien. Esto implica aceptar nuestras virtudes y defectos. Cuando nos alejamos de posturas ancestrales heredadas, sin fuerza propia y transmitidas de generación en generación, reconocemos que parte de nuestro ser ha sido condicionado. Sin embargo, al introducirnos en nuestro interior y usar nuestro discernimiento para aprender, los cambios comienzan a surgir.

El ser en relación con otros

Ser humano es ser en relación con otros. Tratarnos bien a nosotros mismos nos brinda paz interior. Una forma de lograr esto es dejar de juzgarnos a nosotros y a los demás.

Conocernos, mirar hacia adentro y sentirnos resulta fundamental. Ilusionarnos con quienes somos es un poderoso motor de cambio.

Eres en la otredad, en el vínculo con los demás. Que la grandeza de nuestra vida provenga de nuestra generosidad y nobleza, y no del dramatismo ni de la necesidad de atención. Demos forma a nuestro ser, coraje a nuestro corazón, y usemos esta energía para fortalecer nuestro sistema inmunológico. Dejemos que el organismo actúe, apoyándonos en acciones cotidianas que nos nutran. Agradezcamos la diplomacia, la elegancia y el *savoir-faire*. Valoremos la acción, la belleza, la asertividad y la simplicidad.

Búscate, mírate, ámate y responde a lo que descubras. Agradece que el ser humano se forma en idea y "es" en acto. Cuando pensamos, nos vemos; cuando actuamos, somos.

Cuando entramos en contacto con nuestras vulnerabilidades e inseguridades, encontramos fuerza en el núcleo de un corazón herido. Cada día es una oportunidad para agradecer, calmar nuestro mundo emocional y buscar el equilibrio. Abramos nuestro corazón a la belleza, transmutemos viejos rencores y dejémoslos ir. También al enfrentar desafíos es útil aprender a manejar nuestras energías, sean cuales sean. Transformar los obstáculos del camino es una forma de honrar la vida. Agradezcamos que el caos y el cosmos bailan juntos.

Las emociones, discusiones y negatividades impactan y empujan las paredes de nuestro interior. Limpiar implica remover y reciclar esas cargas. El nombre que damos a las cosas es fundamental: cristaliza las cualidades que asociamos a ellas e invoca su esencia. Podemos comenzar a referirnos a nuestro hogar como una morada, un refugio, castillo, mandala u oasis. Construimos lo que nombramos.

Agradece tu vida y, si hay algo que deseas manifestar, exprésalo con claridad. Cambiar las etiquetas cambia las cosas. Este es un secreto mágico: el poder del nombre. Deja que el universo te ayude a manifestar lo que necesitas.

Busca en lo desconocido, aunque cueste. Atrévete a atravesar las emociones fuertes que genera el cambio. Aunque pueda ser incómodo, reconcíliate con tus emociones y agradécelas. Trabaja en tus resistencias cuando estas aparezcan y frenen el cambio; incluso en esos momentos, agradece. Todas las experiencias nos enseñan a domar nuestros sentimientos y emociones. Este aprendizaje puede generar un giro profundo de amor hacia la vida.

Las intenciones son como la fuerza de gravedad, y te aseguro que el universo comunica mejor que las personas. Si un día dejamos de existir, ¿cómo quisiéramos ser recordados? ¿Qué desearíamos que dijeran de nosotros en nuestro funeral? Reflexiona sobre los valores que no son negociables y diseña una vida que los refleje. La edad es solo una idea. El contacto con la vida y la muerte nos enseña que ambas son caras de una misma moneda. Amigarnos con la muerte puede ser una forma de vivir con plenitud. Planear nuestra vida, sentirla, soñarla y, sobre todo, diseñarla es esencial para disfrutarla al máximo.

La morada ideal es una casa vivida, con olor, calor y libros por doquier. El universo, paciente y generoso, nos ayuda a vivir y diseñar nuestra existencia si nos hacemos conscientes de nuestras intenciones. La gracia que atrae tu voluntad te conducirá hacia tus objetivos más profundos.

Nuestros deseos nos mueven y nutren, pero no siempre coinciden con nuestras necesidades. Por ello, más allá de desear, debemos identificar qué necesitamos para ser. Amarnos, conocernos y acceder a nuestro interior son pasos fundamentales. Con el tiempo, el reloj del corazón marca nuestro crecimiento. Ser implica conocernos a nosotros mismos. Cuando nos conocemos, nos permitimos ser y dejamos que los demás también lo sean.

Amar y diseñar nuestra vida

Amar. Cuidarse a uno mismo. Respetarse. Aprehender a aprender y a desaprender. El universo nos ayuda; nosotros creamos rutinas para desarrollarnos. Marcar los tiempos y las sensaciones. Buscarse. Recordar nuestros sueños. Tomar agua con limón en ayunas. Mirar qué es lo que nos hace feliz. Qué nos llena, qué nos da fuerza, dónde nos ponemos cuando no prestamos atención.

La atención es la clave del camino. La idea es hacer todo con plena consciencia. Siempre desarrollar actividades que nos den plenitud y nos permitan ser nosotros mismos.

Recuerda que cuando respiras, eres. La respiración nos da conciencia de vida y de finitud. Donde tenemos puesto el norte, el Universo y la vida nos conducen y nos regalan posibilidades. Diseña tu vida y trabaja sin excusas. Las excusas no nos permiten ser. Busca amanecer temprano y marca una rutina diaria para tu mente.

1. Muévete: suda al menos veinte minutos.
2. Medita: hazlo al menos veinte minutos.
3. Aprende: lee. Leer libros es la clave. Los grandes héroes, líderes y campeones aprenden con rituales.

Practica esto durante dos meses y verás tus cambios. Haz que estos trasciendan tu vida. Una vez que lo aprendas y lo apliques verás cómo surge el coraje para ser tú.

El trabajo de un líder es crecer. No se trata de dinero. El juego real no es una casa grande; es evolucionar espiritualmente y crecer. Hay que trabajar en un proyecto de vida con una mente positiva y un esfuerzo diario de rutinas. Moverse, reflexionar y aprender regeneran las conexiones neuronales.

La energía es más valiosa que la inteligencia. Agradécela.

Soñar como plan de vida

¿Qué soñamos? ¿Con quién soñamos? ¿Qué nos mueve en nuestras posiciones al estar acostados? ¿Qué le decimos al universo? ¿Nos aliamos con él? ¿Dejamos que nos ayude?

Soñar es una forma de planear en el cielo. Por ello, al despertar, es interesante reparar en lo que hemos soñado. Allí hay respuestas a nuestro ser. Recordemos que la rueda de la vida gira todo el tiempo. Valorémonos lo suficiente y la recompensa vendrá sola. Todo comienza a funcionar y a moverse cuando nos hacemos más flexibles y comenzamos a fluir.

Aunque educar es una tarea compleja, concentrarnos en ello nos convierte en seres históricos. Somos el cúmulo de experiencias vividas y de aquello que se nos ha enseñado. Los griegos denominaron *humanitas* a la dimensión de seres históricos que nos permite ser humanos. Como seres biológicos, trascendemos incorporando nuestra herencia cultural y adquirimos la dimensión de seres históricos insertos en el tiempo que nos toca vivir. Vivir es intentar decir aquello que queda por decir. Para hacerlo, hay que conocer lo que ya se ha dicho. Abandonemos la comodidad, busquemos aceptar la beatitud del mundo tal como es y despertemos en la sociedad para enriquecernos y enriquecer a quienes nos rodean.

Reconocerse. Reconocer. Ser. Dónde miramos es cómo somos.

Buscarnos a nosotros mismos en otros es clave. Sentirnos y respondernos hacia dónde queremos ir, cómo queremos ser y qué nos gustaría llegar a lograr con nuestro ser.

Aquietar la mente es esencial. No busques el movimiento, aprecia la quietud: una mente tranquila nos permite estar aquí y ahora. Cuando permitimos que nuestra mente se aquiete, nuestras emociones y sentimientos también se calman. El sistema nervioso se relaja, y comenzamos a experimentar la esencia espiritual que realmente nos habita. Amar y sentir en paz nuestros vínculos nos brinda claridad, y nos permite ver con precisión nuestra misión y visión. Esta visión actúa como una guía, mostrándonos las rutas del camino que nos ha sido dado, desde lo más profundo y con sabiduría interior.

Ser es asumir esa responsabilidad, ante nosotros mismos; significa ser responsables por la vida que creamos.

Nuestra misión

Aceptar la vida como un cerezo que a veces florece, transportándonos a un mundo de felicidad inigualable, y a veces se queda en quietud, sin frutos. Los frutos en nuestra existencia nos permiten soñar, amar, reír y morir. Creamos nuestras experiencias cotidianas, ya sea en soledad o en compañía. El amor es el hilo conductor que nos permite estar, dar, crecer y sentir.

Atender nuestra misión es fundamental para que nuestro ser se consagre en esta vida con gratitud. Sanarnos implica mirarnos en las profundidades y actuar en consecuencia. Misionar es dar compasión y tener compasión. Muchas veces nos encontramos perdidos en un mar de circunstancias que hay que resolver para sentirnos dignos de la vida que nos ha sido dada y regalada.

Es importante tener en cuenta y aceptar que las rutas de la vida son múltiples y nos entregan las llaves para abrir puertas que nos ayudan a mirar nuestros espejos y caminos. Desde nuestra imaginación surge nuestra visión del mundo, de nuestro futuro y de nosotros mismos. Así descubrimos quiénes somos y dónde queremos estar.

En un mundo en el que la violencia ocupa tantas conversaciones, surge en nuestro ser el deseo de escapar hacia un lugar de silencio y paz.

Uno de los poderes más devastadores de la violencia es su capacidad de destruir la imaginación. Afecta también el lenguaje, sobre todo el poético, que no es solo un medio, sino también un fin en sí mismo. Cuando el lenguaje se pone al servicio del marketing y del dinero, olvidamos que es, ante todo, un placer sagrado, una forma elevada de amor y conocimiento. Si, como dijo Freud, la pulsión de vida vincula el deseo y su objeto, y el placer es señal de su realización, entonces el lenguaje es una de las manifestaciones más universales y evidentes del principio del placer.

En cada comunicación verbal hay una relación misteriosa y fecunda. 'Símbolo' es una palabra griega que significa la fusión de dos objetos. Las palabras y los silencios son a su vez espejos y modelos de nuestras relaciones con el universo. Este carácter peculiar del lenguaje garantiza su poder, que prevalece sobre todas las operaciones intelectuales.

El poder de la palabra y la gratitud

El poeta cubano José Martí decía: "La lengua no es el caballo del pensamiento, es su jinete", y también que "el universo habla mejor que las personas". En el Génesis, las palabras anteceden a las cosas, no las reflejan: Dios nombra a la luz para que esta exista, y es la palabra la que pone fin al caos.

En el pensamiento platónico, el hombre se asemeja más a Dios que a Adán, reflejando que 'pasión' y 'paciencia' comparten un mismo origen. 'Amar' y 'amamantar' son palabras emparentadas, ambas cargadas con la sabiduría inmanente del lenguaje. Entre usar y escuchar la lengua media una distancia; las lenguas son vastos dominios de tradiciones, repletos de léxicos inmensos, reglas gramaticales y métricas espontáneas, aunque misteriosas.

También el mito de Orfeo pone en escena el abismo que existe entre los no-escuchados y los hablantes. En la versión cinematográfica de Marcel Camus, basada en una obra de teatro de Vinicius de Moraes, esta idea se revela con la frase: "Si pudieras escucharme en vez de verme". Este planteamiento invita a aprender a viajar en el tiempo, un viaje sin límites cronológicos ni geográficos. Romper nuestras narrativas lineales permite comprender que el pensamiento no se desplaza en línea recta. Las cosas poderosas del pasado se resisten a quedarse en un solo lugar; tienen una supervivencia activa, disruptiva y poco estable.

De esta manera, nuestro laberinto intelectual se proyecta en nuestra vida. Este laberinto no implica confusión, sino desarrollo no lineal. Frente a este escenario, tenemos dos opciones: evolucionar o repetir. Agradece esta capacidad de elección.

El impacto de nuestras decisiones

Todos sabemos que las decisiones que tomamos, por pequeñas que sean, cambian nuestra vida. Cada elección tiene un impacto significativo, incluso puede modificar nuestro destino físico. Si no estamos conformes con cómo somos, podemos cambiar. Primero cambiamos nosotros; luego lo hace nuestro destino. Cuando tomamos nuevas decisiones, nuestra perspectiva también se modifica, y nuestro camino lo agradece.

¿Te has preguntado qué diferencia puede hacer una persona en el mundo? La buena gente aumenta el valor de quienes la rodean, influyendo positivamente y mejorando a los demás. Las personas que hacen la diferencia no dependen de credenciales, sino de actos desinteresados. Estos gestos generan verdaderos milagros. Aquellos que desean el bien de los demás ya han asegurado su propia seguridad. Un pequeño acto de bondad vale más que la intención más grandiosa. Las personas realmente grandes lo son para todos, todo el tiempo.

Las decisiones de elegir con quién pasar el día, cómo invertir nuestras energías y hacia dónde nos dirigimos también son esenciales. Estas elecciones reflejan cómo crecemos y maduramos. Lo que es real en nosotros nunca cesa, siempre acontece. El espíritu verdadero habita el cuerpo, pasando por la niñez, la juventud y la madurez, y tras la muerte trasciende a otros cuerpos.

Todo esto está guiado por la sabiduría que sabe hacia dónde vamos. Cuando nuestros sentidos se conectan con los verdaderos sentidos, podemos amar, sentir placer y dolor. Y ambos van y vienen. Aceptarlos con calma y gratitud es un acto de sabiduría. Vale la pena inmortalizar la sabiduría que surge con libertad del dolor y del placer.

La trascendencia del espíritu

Lo que es real nunca cesa de ser; lo que no es real, simplemente no es. Los sabios que observan con libertad conocen este secreto. Quien realiza su espíritu entiende qué es y qué no es. El espíritu nunca puede ser destruido ni disminuido; los cuerpos mueren, pero los espíritus sobreviven.

La ósmosis, como intercambio de sustancias líquidas a través de una membrana semipermeable, es una metáfora de cómo vivimos y nos conectamos. Quienes dedican su vida a mejorarla buscan expresar su ser físico, emocional, mental y espiritual en el acontecer. Agradecen y contribuyen a sanar la ecología del planeta y a sus habitantes. Además, en la vida, todo esfuerzo colectivo vale la pena. Vivir en ósmosis con el arte y la vida es una experiencia enriquecedora. Agradezcamos a los niños y ancianos, porque gracias a ellos estamos aquí.

Hablar de gratitud es reivindicar la gracia de lo sagrado, aquello que atrae nuestra voluntad. Recuperar el ritual de agradecer implica reposicionar lo real. Cada acto de gratitud crea un paréntesis, un espacio protegido en el tiempo. Este ritual nos conecta con la sabiduría de lo inmediato, lo singular y lo concreto.

Recuerda que la felicidad puede tocar tu vida hoy tan cálidamente como ha tocado la vida de otros. El efecto de un buen corazón es incalculable.

En la gratitud encontramos una vuelta a lo esencial. Agradecer nos hace ser. Por eso, agradece: gracias, gracias, gracias.

Epílogo. Mi propio imán

Crear ha sido la base de la vida que tengo hoy. A los ocho años hacía pulseras, anillos y collares de mostacillas que vendía en una mesa blanca frente a la puerta de mi casa. Si bien me fascinaban las pulseras, lo que más me atraía era la idea de ser proveedora de mostacillas. Había algo magnético en el acto de crear, en el hacer, que ya estaba presente en mi entorno. Y en ese entonces, aunque no tenía una noción clara de vocación, algo ya resonaba en mi interior. Decidir fue un paso: yo ya estaba magnetizada, y el imán hacía lo suyo.

A los diez años comencé a escribir. Llenaba diarios y cuadernos con notas sobre hechos reales e imaginarios. Por ese tiempo, también me interesaba la idea de comer sano. Quería alimentarme de vegetales verdes, y cuanto más verdes, mejor. Escribir, para mí, era una búsqueda de orden. Sentía que las palabras debían organizarse de forma precisa para ser comprendidas. Cuando reconstruía y narraba historias, creía que los hechos guardaban una relación con una lógica lingüística que había que descifrar.

La historia de mi familia se volvió uno de mis temas recurrentes. Al tomar conciencia de los eventos que vivimos, sentí la necesidad de reconstruir esas huellas. Había en ellas algo poderoso, una intensidad que merecía ser traducida, comprendida y comunicada. Mi historia personal me llevó a cuestionarme: ¿quiénes son los otros y quiénes somos nosotros?

Mientras tanto, transité la escuela primaria y secundaria, y seguí buscando quién era. En esos años, comencé a diseñar, mientras iniciaba mis estudios universitarios. Mis primeros diseños eran ligeros y libres, y con el tiempo creé y registré mi propia marca: *Cala*. ¡Oh, Cala!

Siempre sentí que era imposible representar en su totalidad lo que hacía. Desde niña fui una entusiasta, y al comenzar la carrera de abogacía encontré una conexión profunda con los deseos de mi mamá. Ella había soñado con ser escribana, pero no pudo estudiar debido a diversas circunstancias. Ese anhelo se trasladó a nosotras, sus hijas. Mamá hablaba de la abogacía como una carrera amplia y formativa, capaz de abrir puertas y brindar independencia.

En mi casa, la independencia femenina era un tema constante. Se hablaba de la importancia de trabajar, desarrollarse y no depender de otros. Nuestra vasta biblioteca fue una parte esencial de mi mundo. Entre sus estantes convivían Piaget y Sartre, Verne y Victor Hugo, Baudelaire, Rivadavia, Sarmiento, Borges, Cortázar, Cervantes y Shakespeare. Me formé leyendo y cultivando una curiosidad insaciable por aprender e investigar.

También amaba la naturaleza y el campo de mis abuelos. Todo allí olía a mandarina, huevos frescos y leche recién ordeñada. Caminar con las ovejas o juntar huevos de tero junto a mi abuela eran experiencias llenas de ilusión y vida.

Cambiar el mundo

Cuando comencé a estudiar, tenía un deseo profundo: cambiar el mundo, e incluso mi vida. Como mencioné antes, estudié abogacía y complementé esa formación con estudios de filosofía. Ambas carreras me abrieron horizontes inmensos y me permitieron descubrir talentos únicos que se convirtieron en fuentes de inspiración pura.

Fue leyendo sobre mentes extraordinarias que empecé a identificar dónde estaban mis verdaderas pasiones. Biografías de personas como Gandhi, la Madre Teresa, Churchill, Martin Luther King y Simone de Beauvoir despertaron en mí reflexiones profundas. Sus vidas me enseñaron la importancia de nuestras acciones, pero sobre todo me hicieron entender que la dirección de nuestras vidas está marcada por la forma en que pensamos.

Cuando cambias tu manera de pensar, se abren nuevos mundos y se modifica tu energía. Esa transformación mental y física te hace operar de una forma diferente, atraer experiencias y acontecimientos que, aunque puedan parecer coincidencias, son en realidad causalidades. La causalidad está íntimamente relacionada con nuestro magnetismo; es nuestro ser quien nos conduce hacia la revelación de nosotros mismos.

El asombro que me provoca el magnetismo con el que vivo me muestra el misterio y el milagro de la vida. Cuando tomas conciencia de ello, puedes verbalizarlo, y ese acto de expresar lo que sientes reafirma y amplifica el poder de lo que experimentas.

Todo esto lleva a reflexionar sobre la importancia de los encuentros con los otros. Pregúntate: ¿puedes ver la belleza que hay cuando entras en ti mismo? Al indagar lo que te mueve y al aceptar que el verdadero enemigo no es el otro, sino las partes de nosotros mismos que no asumimos, podemos observar con claridad los vínculos que cultivamos. Porque nuestros vínculos reflejan nuestro interior. Entonces te propongo que te preguntes: ¿qué vínculos te importan de verdad?

Vivimos en una era regida por el acceso masivo y constante a la información, un tiempo en el que los cambios son vertiginosos y en el que nos enfrentamos a un nuevo paradigma. Es un mundo que nos obliga a buscar claves, esas respuestas esenciales para orientarnos. Heidegger, al citar un poema tardío de Hölderlin, en el amable azul y en los versos dice: "En tanto la amabilidad perdure aún junto al corazón... la amabilidad, en tanto mantenga la gracia... es la habitación poética que aporta a cada persona su medida, de eso se trata buscar la clave".[7] Cuando cambias tu forma de pensar y ver las cosas, cambia tu energía.

Se trata, entonces, de encontrar esa gracia y esa amabilidad que todos llevamos dentro, de cuidarlas y cultivarlas. También es fundamental cuidar a nuestro niño interior, permitiéndonos abrirnos a nuevas experiencias y explorar lugares desconocidos. Cada paso en ese camino nos lleva no solo a descubrir más de nosotros mismos, sino también a abrazar la maravilla que implica vivir.

La gracia que atrae

Al acariciarnos, tanto física como emocionalmente, emergen una amabilidad y una gracia innatas, regalos que nos son otorgados como parte de nuestra humanidad. ¿Alguna vez te has detenido a reflexionar sobre cuánta amabilidad y gracia posees? Descubrirlas es un acto de autoindagación: ¿qué es lo que atraes?, ¿cómo se manifiestan estas cualidades en ti? La amabilidad y la gracia son conexiones esenciales entre cada uno de nosotros y nuestra propia medida, esa medida única que, dependiendo de nuestra exploración y de cómo desarrollemos nuestros talentos, se expande y enriquece.

Sin embargo, la fortuna humana permanece envuelta en misterio. La gracia no se presenta de la misma forma en todos; su expresión es

---

7. Martin Heidegger, *Aclaraciones a la poesía de Hölderlin*, Madrid: Alianza, 2005.

tan diversa como las personas mismas. En esta complejidad radica la magia de nuestra humanidad, un encuentro constante con lo divino que se manifiesta en la amabilidad, que tiene el poder de enriquecer el presente con infinitas potencialidades.

El cuerpo, nuestra primera y más íntima morada, también merece amabilidad. Cuidar esa casa implica aceptar nuestra singularidad, nuestro "ser-así". ¿Cómo hacerlo? A través de pequeños rituales, una alimentación consciente, la práctica de la escritura, paisajes que alimenten el alma y gratitud. No se trata de resignación, sino de aceptación. Resistir y pelear contra lo que no podemos cambiar solo drena nuestra energía. Reconocer lo que has traído a tu vida y cómo te atraviesa es el primer paso. Trabajar la experiencia de tu cuerpo y hacerlo de manera simple es una de las propuestas de esta experiencia. Este libro es un libro experiencia.

Desde pequeña, experimenté cómo mi fuerza de voluntad me guiaba. Observaba con atención lo que atraía hacia mi vida: personas, situaciones, momentos. Era una fuerza invisible, una luz que llamaba mi atención y que hoy llamo imán.

El imán atrae. El imán imanta. El imán se imanta.

Cuando pienso en lo que significa ser humano, pienso en la gracia como una cualidad única, en la amabilidad como una forma mesurada de estar en el mundo. Ser amables es ser niños, en su mayor expresión y cualidad. En mi experiencia, dejar atrás el padecimiento y la queja fue un acto transformador. Aceptar no es rendirse, es decir sí a la vida con todo lo que conlleva, entendiendo que la queja es una pobreza de espíritu que apaga nuestra amabilidad.

Confía en la vida. Deja ir los apegos y permite que las cosas fluyan. ¿Cuál es el privilegio que nos da la vida? Nos regala la posibilidad de vivir conforme a nuestra voluntad. Reflexiona sobre esto: ¿qué atraes hacia tu vida?, ¿qué imán te guía?

La expresión "la gracia que atrae tu voluntad" representa el espacio donde converge la atracción de nuestra vida, de la de cada ser humano: todas las cosas que hacemos a diario, nuestras rutinas, hábitos, deseos, pensamientos, la manera en que cuidamos nuestro cuerpo, los alimentos que consumimos, los paisajes que elegimos habitar, y la manera en la que nos superamos cada día. Aceptar la experiencia de vivir implica escribir sobre ello, no solo en palabras, sino en acciones.

La investigación y la curiosidad son el núcleo del magnetismo que impulsa tu vida. Este magnetismo está presente en cada ámbito de nuestra existencia. Por ejemplo, si mi madre no hubiera sentido una atracción profunda por la carrera de escribana, mi camino habría sido completamente distinto.

Desde la neurociencia, entendemos que aprender implica formar nuevas conexiones sinápticas. Lo que deseas y percibes dirige tu atención, y de allí surge la atracción. Percibir es una forma de atención, una manera de experimentar y conocer. Cuando concentras tu atención en una idea o concepto durante una hora, las conexiones cerebrales literalmente se duplican. Este fenómeno es comparable a los polos de un magneto: se atraen o se repelen según su posición, reflejando la dinámica de aceptación o rechazo que también opera en nuestras vidas.

En última instancia, el magnetismo y la gracia que te definen son herramientas para conocerte y conectar con lo que de verdad importa. ¿Cómo eliges usarlas?

El secreto del imán

Un dato fascinante: si no pensamos de manera repetida en lo aprendido, ese concepto no se fija. Se rompe, y la conexión deja de funcionar.

La repetición es esencial. Por eso, aprender a ser un imán para lo que deseamos atraer dependerá de las rutinas y hábitos que practiquemos de forma constante y sostenida. Así es como logramos mantener y fortalecer esas conexiones en nuestra mente.

Este libro es una invitación a experimentar cómo la gracia puede atraer a tu voluntad, y a explorar los caminos que te permiten ser lo que deseas atraer. Es, además, un homenaje a los imanes que me han influido profundamente, a los conocimientos que han enriquecido mi vida y que intento plasmar en este ensayo.

También es un tributo a los imanes que me han permitido conocer las pasiones, emociones y razones que rigen sus vidas, y a todas las personas que, al cruzarse en mi camino, me han mostrado distintas maneras de vivir. Ellos me han ayudado a prepararme para el futuro que he creado desde el presente.

En *Imán*, el compromiso es doble: retomar lo que nos hace bien y aceptar lo que logramos hoy, dejando ir lo que aún no hemos conseguido, confiando en la presencia del presente. Parte del camino consiste en enfocar nuestra mente en cosas constructivas, vivir con intención y evitar lamentar, al final de nuestra existencia, el haberla desperdiciado. También implica aceptar lo que hay en cada uno de nosotros, pedir ayuda si es necesario, y atravesar con paz aquello que nos resulta difícil o que no nos gusta.

Cuando nos miramos unos a otros, podemos vernos similares, distintos, o incluso compararnos. Pero en ese intercambio siempre hay atracción, hay magnetismo, gracia viva. Son instantes en los que podemos captarnos mutuamente. Si deseas entender cómo funciona tu propio magnetismo, debes mirar hacia adentro y preguntarte: ¿cómo atraigo?, ¿qué me atrae?

Un imán, en su esencia física, es un metal que atrae ciertos materiales, como el hierro y el acero, pero que también puede rechazar otros. Los seres humanos funcionamos de manera similar: seleccionamos y atraemos aquello que deseamos, y rechazamos lo que no. Nuestros pensamientos actúan como un imán, atrayendo aquello que miramos, leemos, escuchamos, sentimos y deseamos.

El entorno también juega un papel fundamental en nuestro magnetismo. Por ejemplo, si guardas chocolate en tu heladera, es probable que te atraiga por las noches. Así funcionan los imanes: están en lo que nos rodea, en los objetos y personas que elegimos tener cerca, en el ambiente que habitamos. Tu cuerpo, como tu primera morada, refleja aquello que recibe, percibe y atiende.

Tu magnetismo es único. Reflexiona: ¿cómo es tu imán interno?, ¿qué atraes a tu vida?, ¿cómo se manifiesta ese magnetismo en los objetos, personas, relaciones, alimentos y experiencias que eliges? Este es un viaje hacia tu interior, hacia el autoconocimiento y hacia una vida más consciente.

Recuerda: eres un Imán. ¿Qué deseas atraer hoy?

Este libro se terminó de imprimir en el mes de febrero de 2026,
en Artes Gráficas Cofás S.A., Juan de la Cierva, Nº 58,
Pol. Ind. Prado de Regordoño, Móstoles, Madrid, España.